Psychological safety

the guide to high performing teams

# 心理的安全性

# 最強の教科書

ピョートル・フェリクス・グジバチ

東洋経済新報社

# はじめに

## 「心理的安全性＝楽しくやさしい職場」ではない

心理的安全性は、ハーバード大学で組織行動学を研究するエイミー・エドモンドソン氏が最初に提唱した概念で、**「対人関係においてリスクのある行動を取っても、『このチームなら馬鹿にされたり罰せられたりしない』と信じられる状態」**を意味します。

これに加えて僕なりの定義を紹介すると、心理的安全性とは**「メンバーがネガティブなプレッシャーを受けずに自分らしくいられる状態」「お互いに高め合える関係を持って、建設的な意見の対立が奨励されること」**です。

なお、ここで言う「ネガティブなプレッシャー」とは、不当な目標を与えられたり、理不尽な評価をされたりすること、人格を否定する言動などを指します。ですから、その人の能力に見合ったものであれば「ここまでやってくださいね。あなたならできますよ」とプレッシャーをかけることを否定しているわけではありません。

近年、日本の企業でも「心理的安全性」が注目されるようになりました。メンバーが自分らしく生き生きと働き、組織の生産性を上げ成果を出すためには、職場の心理的安全性が必要だという認識が広がってきています。

その一方で、心理的安全性は、非常に誤解されやすい言葉だとも感じています。誰も厳しいことを言わず、お互いにやさしい言葉をかけ合い、陽気で明るい職場であれば、職場の心理的安全性が保たれ、みんな自分らしくいられる。そのように捉えている人もいるかもしれませんが、本当にそうでしょうか。

たとえるなら、青空のもと、お花畑でキャッキャキャッキャと遊んでいるイメージです。高いコミットメントやゴール設定が求められる体育会系の部活ではなく、気軽な大学サークルのイメージとも言えます。まぁ、たしかに居心地はいいでしょう。しかし、心理的安全性の本質は、そういうことではありません。

心理的安全性の本質は、表面的な笑顔ややさしさで、良好そうな人間関係を取り繕うことではありません。**「自分らしく周りの人に接することができる」**ことです。相手と意見が違ったなら、対立を恐れずに「自分はそうは思わない」とはっきりと自分の考えを伝えられること。相手が間違っていたり、至らないと思うところがあれば、「それは違うのではないか」とお互いに率直に言い合えることです。Agree to disagree（意見が異なるという点において同意する）精神が大事です。

対立を回避するのではありません。本書でも後ほど説明しますが、むしろ**職場では「（健全な）対立」があるほうが、心理的安全性がある**と言えるのです。

「自分らしくいる」とは、「自分に正直でいる」「自分に誠実でいる」と言い換えられます。もちろん、「組織の目的やゴールから逸脱しない範囲で」という条件付きであることは付け加えておきます。

## 「心理的安全性＝ゴール」ではない

もうひとつ、ありがちな誤解があります。それは職場の心理的安全性を高めることを「ゴール」だと考えてしまうことです。もちろんマネジャーにとって、職場やチームの心理的安全性を高めることは大事ですが、**心理的安全性はあくまで組織の生産性を高めるための手段**のひとつであり、ゴールではないということです。

想像してみてください。仮に、メンバーとの打ち合わせで言いたいことを自由に発言できて、楽しく充実した時間だったとしても、それが何ひとつ成果につながらなかったとしたらどうでしょうか。**いくら心理的安全性は高くても、成果を出せないチームは評価されません**。

当たり前のことですが、改めて強調しておきましょう。

**職場は成果を生み出すための場所**。

**マネジャーにとってのゴールは成果を出すこと**。

Ｇｏｏｇｌｅの元ＣＥＯ、エリック・シュミットはある講演で“glue people”という言葉を使っていました。日本語に直訳すると「接着剤のような人」です。

社交的で、みんなに好かれる組織の人気者。でも仕事では具体的な成果を出しているわけではない人、といったイメージです。

どんなにチームの雰囲気をよくして、職場の心理的安全性を高めているとしても、その人や、その人のチームの生産性が上がっておらず、実際に成果が出ていなければ、組織の中で与えられた役割を果たしていないと僕は思います。

また、“glue people”は社内で顔が広く、他部署と良好な関係を築き、調整役となっているケースもあります。こういう人は組織で重宝されそうですが、だからといって組織に必要かといえば、僕の答えはＮＯです。詳しくは本編でご紹介しますが、組織全体と各部署に明確なミッションや目標があり、それが共有されていれば、部署間の調整は本来必要ないからです。調整役を重宝する前に、組織の運営体制を見直すべきです。

ビジネスではもちろん、良好な人間関係が求められます。でも、それ自体はゴールや目標ではありません。そのことを肝に銘じておきたいものです。

## 心理的安全性を高めて成果をあげる

この本でお伝えしたいのは、心理的安全性を高めてビジネスの成果を出していくことです。心理的安全性が確保されているから、メンバーが本来の力を十分に発揮できて、チームのパフォーマンスも向上し、成果につながっていく。そんな状態を目指します。

ビジネスの成果と心理的安全性は、鶏と卵の関係にあります。

心理的安全性があるから、チームのパフォーマンスが向上し、成果が出ます。チームの成果が出ているから、メンバー同士がお互いの努力を認め合い、貢献を感謝し合うことで、職場の心理的安全性がより高まっていきます。そんな好循環を生み出せると理想的です。

反対に、いくら居心地のよい職場でも、成果が出ない状態が続けば、顧客や社内のあちこちから文句やクレームが生じ、ネガティブなプレッシャーがかかり、ストレスや亀裂が生じます。成果が出ない職場の心理的安全性は、いずれ下がっていくしかないのです。

## 万能の特効薬はない

心理的安全性という言葉が脚光を浴びたのは、今から10年ほど前に、「効率的なチーム」の共通点を見つけるために行ったＧｏｏｇｌｅの**「プロジェクト・アリストテレス」**の研究成果が発表されたときです。効率的なチームの共通点はいくつかありますが、その中でも特に重要な要素が「心理的安全性」であることがわかり、世界中のメディアで話題となりました。

本書では、僕のＧｏｏｇｌｅでの経験や、僕が経営に関わってきた会社を通して得た知見などをもとに、マネジャー向けに、どうすれば自分の職場やメンバーの心理的安全性を高めることができるか、その考え方と行動のヒントをご紹介していきます。

なお、最初にお断りしておきますが、「こうすれば誰に対してもうまくいく」という特効薬はありません。というのも、本編をお読みいただけるとわかるのですが、**心理的安全性を高めるためには、自分起点ではなく、相手起点で考え、行動する必要があるからです**。

世の中にはいろいろな人がいます。少しきつく言われるだけでも動揺するからやさしく話しかけてほしいという人もいれば、その逆で、きつくともハッキリと手短に伝えてくれたほうがありがたいという人もいるでしょう。

本書でも、心理的安全性を高める考え方や心構えだけでなく、メンバーに対するコミュニケーションのヒントについてもいくつかご紹介していきますが、「どんな相手にも、いつでも、それさえやっていれば大丈夫」ということではないと、あらかじめ念を押してお伝えしておきましょう。

むしろそうしたやり方は、相手の都合を無視した、自分本位のやり方であり、メンバーの心理的安全性を高めるうえでは、およそ真逆と言えるアプローチなのです。

## 本書の構成

本書は大きく「理解編」「マインドセット編」「実践編」の3つのパートに分かれます。

「第1部　理解編」では、第1章で「心理的安全性とは何か」、第2章で「心理的安全性のある職場とはどのようなものか」を解説します。まずは、そもそも心理的安全性とはどのようなものであるか、何を目指すものであるのかを、僕の解釈を踏まえてご紹介します。また、マネジャーとして持っておくべき基本的な心構えについて解説します。

「第2部」は「マインドセット編」です。ここでは、職場やメンバーの心理的安全性を高めるための、マネジャーとしての準備や基本的な考え方についてご紹介します。

第3章の「自己認識」、第4章の「自己開示」では、マネジャーが自分自身を知ること、それを周囲に伝えることについての重要性を学びます。心理的安全性を高めるために、相手と良好なコミュニケーションをするうえで、相手よりもまず、自分のことをしっかり見つめ直す必要があります。それができたうえで第5章の「相手を知り、理解する」では、他者と接するうえでのポイントを紹介します。

「第3部　実践編」では、「理解編」「マインドセット編」で学んだ考え方をもとに、実際にどのように職場で行動すべきか、マネジャー向けのアドバイスを具体的にしていきます。

第6章では「普段の接し方、伝え方」を、第7章「問題解決や成長を促す心得」では、問題があったときや、メンバーをもっと成長させたいときのヒントを、そして第8章では「目標設定やフィードバック、評価」について述べていきます。

「実践編」では、読者が実際の行動に移しやすいように、具体的なアクションや伝え方の例も提示しています。ただし先にもお伝えしたとおり、職場の心理的安全性を高めるうえで、「こうすれば間違いない」という絶対的な答えはありません。相手をよく見て、相手に合ったやり方をその都度選んでいくことが必要です。そのことは忘れないでください。

## どんな職場でも、どんなマネジャーでも心理的安全性を高められる

心理的安全性はGoogleだから実現できるとか、経営学を学んだMBAホルダーがたくさんいる会社だから実現できる、ということでは決してありません。どんな会社でも、どんなマネジャーでも、心理的安全性を高めていくために必要な行動をマネジャーが取っていけば、実現できます。

大事なことは、**職場のマネジャーが率先して心理的安全性を高めるための行動を取ることです**。まずはマネジャーであるあなたが行動してください。職場で最も影響力のあるマネジャーが自身の心理的安全性を確保し、周りに対して心理的安全性を意識した行

動を取ることで、心理的安全性の高い環境が生まれます。

　では、どうすればそれが実現できるのか。職場の心理的安全性を高めるための基本的な考え方や具体的な方法を、これから詳しく解説していきます。

# 第1部 理解編

## 第1章 心理的安全性とは何か



### 構造の明確化

# 第2部 マインドセット編

## 第3章 心理的安全性を高めるマネジャーの「自己認識」

## 第4章

# 心理的安全性を高めるマネジャーの「自己開示」

第5章

# 「相手を知る」「理解する」マネジャーの心構え

# 第3部 実践編

## 第6章 職場におけるメンバーとの「接し方」のヒント

# 第7章 メンバーの「問題を解決する」「成長を促す」マネジャーの心得

## 第8章 心理的安全性を高める「目標設定・管理・評価」

## フィードバック



## 評価



### コラム

# 第 1 部

# 理解編

心理的安全性について、基本的な理解から始めることにしましょう。「心理的安全性がある」とはどのような状態を指すのか。なぜチームにそれが求められるのか。組織として何を整備しておく必要があるのか。まずは全体像を掴んでおけば、その後の各論の理解もスムーズになるでしょう。

第 1 章

# 心理的安全性とは何か

# 1-1 Ｇｏｏｇｌｅの調査で明らかになった心理的安全性の重要性

## プロジェクト・アリストテレスの意外な結果

僕の古巣であるＧｏｏｇｌｅには、世界から天才的なプログラマーが集まっていますが、天才的なタレントのスタンドプレイよりも、チームで成果を出すことがとても重要視されています。プロダクトは一部の天才的なタレントだけでつくられているわけではなく、プロダクトマネジャーやエンジニア、ＵＸ（ユーザーエクスペリエンス）デザイナー、営業、マーケティング、法律関係など幅広い分野のプロが集まるチームでつくられているからです。

社内には生産性の高いチームとそうでないチームがあり、生産性の高いチームの特徴を解き明かすために実施されたのが、「プロジェクト・アリストテレス」です。この社内調査の中でも、心理的安全性の重要性が明らかになったのです。調査結果の一部を紹介しましょう。

この調査では、一般的にチームの生産性に関係すると思われていた要素――たとえば、メンバー個人のスキルやパフォーマンス、勤務場所（対面で働くのかそうでないのか）、在籍期間、仕事の量などが、チームの生産性にあまり影響を与えないという結果が出たのです。そして、チームに重要なのは「メンバーが誰か」ではなく、「メンバーがどのように協力しているか」であることがわかりました。

## チームの生産性を高める5つの要素

また「プロジェクト・アリストテレス」は、効果的なチームに必要な5つの要素も浮き彫りにしました。それが、次に挙げる①から⑤までの項目です。数字が大きくなるほど重要度が増します。

**①インパクト**――チームメンバーは自分の仕事について、意義があり、いい結果を

生むものだと思っている

**②仕事の意味**――チームメンバーは仕事が自分にとって意味があると感じている

**③構造の明確さ**――チームの役割、計画、目標が明確になっている

**④相互信頼**――チームメンバーは他のメンバーが仕事を高いクオリティで時間内に仕上げてくれると感じている

**⑤心理的安全性**――チームメンバーがリスクを取ることを安全だと感じ、お互いに対して弱い部分もさらけ出すことができる

まとめると、**メンバー一人ひとりに目的意識があり、役割や仕事のプロセスが明確であり、相互信頼と心理的安全性があることが、チームのパフォーマンスにはとても重要**だというわけです。

そして、調査結果から、心理的安全性の高いチームのメンバーは、離職率が低く、他のチームメンバーのアイデアをうまく利用してパフォーマンスにつなげることができ、マネジャーからの評価も高い、という特徴も見えてきました。

## チームの成果はメンバーのスキルではなく、メンバー間の協力の仕方で決まる

コラム

### 日本の企業には「チーム」がない？

「プロジェクト・アリストテレス」の調査では、「チームとは何か」も明確に定義されています。Ｇｏｏｇｌｅのリサーチチームは「チーム」を次のように定義しました。

**チームとは、メンバーが相互に強く依存しながら、特定のプロジェクトを遂行するために、作業内容を計画し、問題を解決し、意思決定を下し、進捗状況を確認する関係性を伴うもの。チームのメンバーは、作業を行うために互いを必要とする。**

つまりチームとは、特定の目標を持ち、その達成のためにメンバーが集められ、相互

に協力し合う集団のことです。そして、目標を達成すればその体制は変化していくのがチームです。

この定義に則って考えると、「日本の企業にチームは存在するのか」と疑問が生じます。日本の企業には課や部といった組織上・管理上のグループは存在しますが、これらのグループは人事異動によって生まれたもので、必ずしもその業務に相応しいスキルを持つ人材や、自らの意思と選択で集まってきた人材で構成されているわけではありません。したがって、チームの定義からは外れます。

また、社内で部門横断のプロジェクトが組まれメンバーが集められる場合でも、チームとは言えないケースもあります。たとえば、ダイバーシティ推進などのプロジェクトのために若手が集められたとしましょう。上司から「君、やりなさい」と言われてプロジェクトに参加しただけで、メンバーの誰もプロジェクトのゴールを明確に把握しておらず、プロジェクト遂行のためのスキルを持っていない場合は、プロジェクトであっても「チームではない」と言えるでしょう。

# 1-2 心理的安全性のあるチームはNiceではなくKind

## 表面的にやさしい職場や上司にご用心

「ピョートルさん、ちょっと聞いてくださいよ」

先日、N君がひどく落胆した様子で僕のところにやってきました。彼は入社3年目のフレッシュな若手で、僕はN君のことだけでなく、彼の上司や、その会社の役員とも親しくさせてもらっています。

彼が落胆しているわけは、こういうことでした。

会社で業務改善コンテストがあったので、思い切って自分が普段から気になっていた問題点についての改善案を提出したのです。事前に相談した上司や先輩からも「積極的でいいね」「どんどんやるべきだと思うよ」と応援してもらい、休日返上で、寝る間も惜しんでつくり上げた、自信たっぷりのプランでした。

ところがN君の改善案は役員会で「保留」になったのです。N君が指摘した問題点は、それほど優先度の高い問題ではないと判断され、先送りされることに。

また改善案に盛り込まれていた費用もそれなりに高額であったため、実行するとしてもそのまま採用することは難しく、実験的にあるセクションだけに限定して、スモールスタートで実行する改善案を考えてみてはどうだろう、と伝えられたのです。その規模は、N君が思い描いていた改善案とはかけ離れた小さなものでした。

「いつも役員は〝現場の声を聞かせてほしい〟とか〝若手も積極的に提案するように〟と言ってるのに、実際に提案するとこうですよ。応援してくれた上司や先輩も〝がっかりだね〟と言っていました。こんなことならもう僕からは会社に提案なんてしません。本当にここで働き続けるべきなのかも考え始めています」

N君は真面目な性格もあって、今回の決定を、「自分が否定された」ように感じたらしいのです。

読者の皆さんは、N君の話を聞いてどう感じたでしょうか。「若手社員の提案を否定する、心理的安全性への配慮に欠ける役員だ」「せっかく、理解のある上司や先輩に恵まれて、職場ではいい雰囲気なのに、経営陣がこれだと、若手は萎縮して自由に発言できない。会社全体では心理的安全性が確保されなくなるのでは」と思った方もいるかもしれません。でも、僕の考えは違います。

N君が問題だと感じた点について、役員は「喫緊に改善する必要はない」と判断したのですが、入社間もないN君と、会社の舵取りを任されている役員とでは、会社の大局的な判断は、おそらく役員のほうが正しくできるでしょう。もちろん、役員が気づいていないことを若手のN君が気づくということもあるかもしれませんが、役員はN君の指摘する問題点について、頭から否定せず、優先順位の低さから保留の判断をしています。その経営判断はそれほど間違っているとは思いません。

さらに役員は、「規模を小さくしてプランを練り直してみてはどうだろう」と提案しています。いきなり大きな投資をするより、小さな投資から始めて、そこで改善の成果が見込まれれば全社に横展開していくのは、経営者としてもっともな判断です。

むしろ、**僕がこのN君の話を聞いて問題だと思ったのは、彼の職場の上司や先輩です**。先述したとおり、僕はN君の上司や先輩とも知り合いなので、みんながやさしいことや、和気藹々《あいあい》とした職場の雰囲気も知っています。きっとN君のチャレンジを「いいね！」

と応援して温かく見守っていたのでしょう。でも、だからと言ってN君の上司や職場の心理的安全性が高いかというと、これは別問題です。

N君の上司は、彼が指摘する問題について「会社としては取り組む優先順位が低い」あるいは「役員たちは優先順位が低いと指摘するに違いない」と事前に予想できなかったのでしょうか。またN君が見積ったコストについて「これは高すぎて受け入れられないと思う。一緒に練り直してみよう」といった提案はできなかったのでしょうか。そういったアドバイスが事前にできていれば、結果は違っていたかもしれません。

それに、N君へのアフターフォローはどうなっているのでしょうか。業務改善コンテストでは採用されなかったとはいえ、役員はN君も、N君の提案も、頭から否定しているわけではありません。規模を小さくして再考してみてはどうだろうと、彼と彼の提案に興味を持ち、期待をかけています。その意味をN君に理解させるのが職場の上司や先輩の役目だと思うのですが、それがなされた様子はありません。適切にフォローしていれば、N君が僕のところに来て、転職までほのめかすようなことはなかったはずです。

僕はこの件については、N君の職場の上司や先輩の指導スキルや経験が不足していたこと、そして彼らがN君に対して**「いいね」「いいね」とやさしい笑顔を向けるだけで、決して誠実に向き合おうとしなかったことが問題**だと思っています。

表面上は仲良く見えたり、上司が部下にやさしい言葉をかけていたりしても、本当に大切なことを伝えなかったり、お互いの本音や腹の底を見せ合ったりしていなければ、信頼関係は築かれません。この事実が意外と見逃されています。

相手のミスや間違いに気づいていても、誰も指摘しないことも心理的安全性の低い職場ではよく見られます。指摘することで人間関係にひびが入るのを恐れたり、「指摘自体が間違っていたらどうしよう」と気になったりして、言うのをためらってしまうのです。その結果、取り返しのつかないミスに発展したり、プロジェクトが頓挫したりして、なんとなく職場の空気が悪くなってしまうこともあるのではないでしょうか。似たようなことは誰もが体験したり、見聞きしたりしていると思います。

このように、**表面的にはやさしいけれど、肝心なことを言葉にしない、間違いを指摘し合わない職場では、いかに相手の顔色や空気を読み、相手の気持ちを察するかが、自分の身を守るために大事になってきます。いわゆる「忖度」です**。日本の企業にはこうした忖度を求められる職場が多いように思います。

忖度しなければならない職場が、心理的安全性の高い職場と言えるでしょうか。「忖度」は一時期ニュースで注目のワードになりましたが、忖度が生んだ欺瞞や悲劇を見れば、そうでないことは明らかでしょう。

## 心理的安全性の定義

「はじめに」でも述べましたが、「安全性」という言葉の印象からか、「心理的安全性のある職場って、誰も厳しいことを言わず、意見の対立がない、安心して働ける平和な職場のことですよね？」と思っている方もいるようです。でもそれは、まったくの誤解です。

もちろん、パワハラや人権侵害になるような言動は、言うまでもなく御法度です。でも心理的安全性を高めるという観点からは、人格に対してではなく事柄に対して厳しいことをお互いにストレートに言ったり、考えが異なる人同士が意見を戦わせることは、まったく問題ではありません。

繰り返しになりますが、心理的安全性はゴールではなく手段です。ゴールは何かというと、チームで成果をあげることです。それに資する行為であれば、厳しい意見や、侃々諤々《かんかんがくがく》の議論は望むところ。むしろ、心理的安全性があるから、それが可能になる、と考えてください。

ここでもう一度、この言葉の提唱者であるエイミー・エドモンドソン氏の定義と、僕なりの解釈を記しておきます。

**エイミー・エドモンドソン氏の「心理的安全性」の定義**

「対人関係においてリスクのある行動を取っても、『このチームなら馬鹿にされたり罰せられたりしない』と信じられる状態」

**僕の「心理的安全性」の解釈**

「メンバーがネガティブなプレッシャーを受けずに自分らしくいられる状態」
「お互いに高め合える関係を持って、建設的な意見の対立が奨励されること」

これらは具体的にどのような状態なのか説明しましょう。

次のような場面を想像してみてください。

仕事でトラブルが発生。課長の指示を受けたメンバーがその原因を探ると、なんと、課長本人が顧客に送ったメールに、相手の誤解を生む表現があったと判明しました。

このとき、職場に心理的安全性があるかどうかで、メンバーの行動は大きく変わりそうです。

もしそのチームに心理的安全性がなければ、つまり、普段から課長が部下の話には聞く耳を持たず、悪い報告を聞くと機嫌が悪くなったり、自分の気に食わない部下に対してはネチネチと嫌味を言ったり、あからさまに評価を下げたりするような上司だったらどうでしょう。

メンバーは課長の顔色をうかがって、「課長の間違ったメールが原因でした」と報告するのをためらうか、報告するのにかなりの勇気を必要とするでしょう。あるいは最悪の場合、課長ではない別の誰か、たとえば社外の協力会社に責任を転嫁したりして、自分に火の粉が降りかからないよう嘘の報告をでっち上げる、なんていうことも起こり得ます。

逆に、心理的安全性があり、課長が普段からメンバーの意見に耳を傾け、職場での率直な議論を奨励する上司だったらどうか。メンバーは事実に基づいて課長にこう伝えられるはずです。

「課長がさっき送ったメールに間違いがあって、それを読んだお客様が勘違いされたようです。すぐに課長から謝罪と修正のメールをお客様に送っていただけませんか？」

相手が上司であっても誰であっても、「それを言うことで自分が不利な立場に追いやられるのではないか」というネガティブなプレッシャーを感じることなく、相手の間違いを指摘できる。相手とは違う自分の意見を伝えられる。そして、建設的な意見の対立から、よりよいアイデアや解決策が生み出される。

こうした状態が、「心理的安全性が高い職場」と言えると思います。

## Ｎｉｃｅ（気持ちいい）ではなく Ｋｉｎｄ（思いやり）のある職場を目指す

僕が考える「心理的安全性の高い職場」とは、Ｎｉｃｅではなく、Ｋｉｎｄな職場のことです。日本人には違いがわかりにくいかもしれませんが、微妙なニュアンスの違いを説明すると、Ｎｉｃｅは「やさしい」「気持ちいい」「快適」、Ｋｉｎｄは「親切」「思いやり」といったところでしょうか。

Ｎｉｃｅな職場とは、「それいいね！」「ナイス、ナイス！」とお互いに同意するので、仲がよさそうでまとまりのある雰囲気を醸し出しています。しかし、お互いの腹の内は隠したままなので、本当のところはどう思っているかはわかりません。

一方、Ｋｉｎｄな職場はそうではありません。メンバー同士が自分の考えや意見を正直に伝え合います。「いや、ちょっと待って。『いいね』じゃなくて、もうちょっと深く考えようよ。僕が言おうとしているのはこういうことだけど、あなたは本当に理解してる？」「それ、ちょっと違うんじゃない？」という会話ができる職場です。

**自分にも相手にも誠実であること**。それによって一時的に対立が生じたとしても、相互理解が深まり、人間関係が構築されていきます。これが心理的安全性の本質ではないかと僕は考えています。

## お互いに「いいね！」としか言わない職場は心理的安全性が低い恐れがあるので要注意！

# 1-3 ダブルバインドがある職場では安心して仕事ができない

## 心理的安全性を確保するために不可欠な2つの要素

心理的安全性は、チームや組織の生産性を高め、成果をあげるために必要な手段であること、また、そのためには建設的な意見の対立が奨励されることについてご理解いただけたかと思います。

とはいえ「さあ皆さん、建設的な意見の対立でもってチームの心理的安全性を高めてください」と言うだけでは何も始まりません。それを実現するためには、何が必要でしょうか。職場がどうなっていれば、これが可能となるでしょうか。

**僕は2つの要素が職場に不可欠だと考えます。それは「構造」と「対話」です。**この

2つが揃うことではじめて、組織のメンバー間での互いに建設的な意見の対立が可能になります。

ではまず、「構造」についてご説明しましょう。

## ダブルバインドがメンバーを戸惑わせる

「構造の明確化」は、前出のＧｏｏｇｌｅの社内調査の結果でも、効果的なチームの特徴のひとつに挙げられていました。

ここでいう「構造」とは、次のようなものを指します。

- **ビジョン、ミッション（事業の意味・意義）**
- **チームが目指す目標**
- **評価の基準**
- **仕事の役割分担、ゴール、職務で求められるプロセス**

これらが言語化されて明示されていれば、「構造が明確である」と言うことができます。**構造が明確な職場では、お互いに意見を言い合いながら安心して働くことができるでしょう**。

一方で、構造が明確でなかったり、あるいはダブルバインドの状態になっていると、自分が思ったことを発言できず、安心して働くことができません。ダブルバインドとは、矛盾する2つのメッセージを発することで、相手を混乱させたり、相手にストレスを与えたりすることです。

私が実際に体験したエピソードをご紹介しましょう。

今から20年ほど前、あるメーカーの新入社員研修で講師を頼まれたときのことです。これからグローバル展開を進めていくにあたり、海外の人と接する機会も増えていくだろうから、「異文化コミュニケーション」について新入社員に講演してほしいという依頼でした。

グローバルな舞台で活躍するためには、上下関係を前提にしないフラットな付き合い方を学んだり、自分の考えや意見をしっかりと持ち、自分らしさを表現することが求められます。しかし日本企業の中だけで働いていると、そうではない日本的なコミュニケーション方法に染まってしまうので、新入社員のうちに、ぜひグローバルな考え方や作法に触れさせたい。これが人事部の要望でした。

当日、駅からその会社に歩いて向かう途中で、リクルートスーツに身を包んだ新入社員と思われる若者たちを大勢見かけました。お互いに冗談を言い合いながら、元気よく楽しそうに肩を並べて歩いていきます。

彼らのハツラツとした姿に、悪い気はしませんでした。うつむきながら暗い表情で歩いているより、若者らしくて好感が持てます。彼ら彼女らが、世界で活躍するために僕が少しでも役に立てるなら大変うれしいことだと思い、講演前に改めて身を引き締めました。

そして、研修会場に案内され、いよいよ僕が登壇するときのことです。これからグローバルコミュニケーションについて学ぼうという講演を前に、人材育成部長が発した第一声に驚きました。

「起立！　先生に礼！」

会場で座っていた社員たちが慌てて立ち上がり、硬い表情で一斉にお辞儀をするのです。偉い先生の話を若者が黙って恭しく拝聴するという、日本によく見られる上下関係が一瞬にして会場にできあがりました。

さらに僕は、部長の次の言葉に耳を疑いました。

「皆さん、おはようございます。先生の講演の前に、一言だけ言っておきます。今朝、駅から歩いてきた皆さんの中に、笑い声を上げながら通勤している人がいました。これは社会人として非常にはしたない態度ですから、慎むように」

「(新入社員)……はい」

「ではこれから、海外の人と自分らしくコミュニケーションするための研修を始めます……」

この話を聞いて、皆さんはどう感じますか？　違和感を覚えるのは、僕だけではないと思います。

会社や人材開発部は「自分たちらしく働きながら、海外にもどんどんチャンスを広げていこう」と新入社員を激励しながら、一方では「はしゃぎすぎはよくない。行動を慎みなさい」と抑え込もうとしています。彼らは道端で冗談を言って笑い合っていただけで、誰かに失礼なことを言ったわけではないのに——。この出来事は僕の中で小さなトゲのようにずっとひっかかっています。

あのとき新入社員は、「自分たちらしく働こう」という前向きなメッセージと、「行動を慎むべき」という抑圧的なメッセージを同時に受け取りました。**このように相反する**

**メッセージが混在する状態を「ダブルバインド（二重拘束）」と言います**。メッセージを受け取る側は、どちらのメッセージに従えばいいのかわからず混乱します。「こっちで大丈夫だろうか」「後で怒られないだろうか」と疑心暗鬼にもなります。

また、同じことをしても、ある人からはＯＫと言われ、別の人からはＮＯと言われるかもしれず、自信を持って発言したり、仕事をしたりすることができません。

こんな場面にもよく出くわします。

**役員**「今日は若い皆さんの意見を社長に伝える会です。どんな意見でも構わないので、言ってください」
**社員**「はい。ええと、我々はもう少しお客様のことを見たほうがいいと思います」
**役員**「え？　何言ってるの？　顧客のことはちゃんと見てるよ。だってＮＰＳスコア（ブランドや商品に対する顧客の信頼や愛着を示す指標）を取ってるでしょ」

「どんな意見も聞く」と言いながら、経営者自身が若手社員の意見を否定しているのです。意見を聞いてもらえると思って発言した若手社員は、冷や水を浴びせられた気がして、「意見を言ってもいいの？　言わないほうがいいの？　どっち？」と混乱するでしょう。

「何を選択すればいいのか」「どう行動すればいいのか」という構造が明確でない状態では、人は自分の行動がどう評価されるかわからないので、行動をためらいます。評価者の顔色をうかがいながら動くようになります。

また、チームとしての目指す方向や評価の基準がわからなければ、健全な意見の対立は望むべくもないでしょう。議論するうえで必要な、拠って立つ指針がないわけですから。

このように、「明確な構造」がない職場では、心理的安全性が高い状態にはなりえないのです。

## 「明確な構造」があれば迷いなく行動できる

社員の配置や異動にも、構造は関係します。

たとえば、ＩＴリテラシーの優れた新入社員がいて、その能力を活かせる仕事が社内にあるとします。そして、本人がその部署への配属を希望しているにもかかわらず、

「まだ若いから」などと曖昧な理由でいつまでたっても雑用ばかり任されるのであれば、その職場の仕事の割り振りに明確な構造がないと言えそうです。

誤解してほしくないのですが、新人を希望の部署に異動させることが職場の心理的安全性を高めるうえでの取るべき手段だと言いたいわけではありません。**大事なことは、構造を明確にすることです。**

仮に、その職場では年次で仕事の割り振りを決めているとしましょう。そのこと自体は、ここでは問題ではないのです。重要なのは、就活のレクチャーや採用時の面接で「新入社員は一律に雑用からやってもらいます」とハッキリ伝えておいたり、会社案内に明記しておいたりすることです。それが嫌な人はその会社を選ばずにすみます。「構造が明確である」とはそういうことなのです。

たとえばお子さんに、「土曜日は家族でお出かけする日です」「お出かけのときはこういう洋服を着て、こんなふうに振る舞うのよ」と外出時のルールが決められている家庭では、子どもはそれに従って迷いなく行動できます。それと同じですよね。

構造が明確であれば、その中でどう振る舞えばいいかわかるので、上司の顔色をうかがったり忖度したりせずに、やるべきことがやれるし、言うべきことが言えます。そしてもし、間違って行動した場合でも、「あなたの行動はここが間違っていますよ」と基準やルールに沿ってフィードバックが得られるので、納得感があります。
心理的安全性を保つには、明確な構造が欠かせません。

## ルールがあるから全力でプレイできる
## 職場で働くルール（＝構造）を明確に

# 1-4 なぜ、組織や企業にミッションやパーパスが必要なのか

## 目的意識がバラバラだと議論は成立しない

最近、「パーパス（Purpose）」という言葉が経営者やビジネスパーソンの間でよく使われるようになりました。パーパスとは、その企業が「なぜ社会に必要なのか」を明文化した存在理由のことです。

同じような言葉で、「ＭＶＶ」（ミッション、バリュー、ビジョン）という言葉を聞いたことがある人もいるでしょう。それぞれ、「何をするのか」「どんな価値観に基づいて行動するのか」「どんなあるべき姿を目指すのか」を指し示しています。

こうした言葉が注目されるようになったことも、実は心理的安全性や「構造の明確

化」と無関係ではありません。

職場で心理的安全性を保ち、健全な対立を促すためには、パーパスやミッション、ビジョン、バリューといった構造を明確にしておく必要があります。なぜなら、そうした構造が明確でないと、目的意識がバラバラなままで各自が自分の価値観や意見を押しつけ合うことになり、建設的な議論が成り立たないからです。

## 創業時の理念や想いはなぜ弱くなるのか

企業にはそれぞれ創業者が考えた存在意義や価値観があり、それに共感し志を同じくする人がその会社に入社しているはず。だから企業の存在意義や価値観は社員に共有されていて、それをもとに議論すればいい。このように考えている人も多いでしょう。僕もそうあるべきだと思います。

でも現実問題として、そうなっていないケースは非常に多いようです。

企業のパーパスやMVVは、創業当初には存在していたとしても、時間が経つにつれて創業メンバーがいなくなると、事業は相変わらず継続していても、当初の想いや価値観は時間とともに希薄化していくことがよくあります。

また、会社の成長に伴い事業が多角化した結果、企業としての存続や、数字をあげることが目的となり、そもそもその企業が何のために存在するべきなのか、どこを目指すべきなのかがすっかり見失われて迷走しているケースもあります。一応、立派なことが書かれた社訓やスローガンは掲げられているけれど、誰も本当にそれを信じているわけではないというケースです。

## 経営陣だけでなく、社員にも問題がある

ミッションやパーパスが有名無実化する原因はまた、企業や経営者だけでなく、社員の問題でもあります。「これがやりたい」「こんな仕事で世の中に貢献したい」という思いもなく、ただなんとなく、大学を卒業したから就職をする必要に迫られ、「いい給料がもらえればいいや」とか「有名な会社や、大手企業に入りたい」と思って会社を選ぶ人も、決して少なくないと思います。

人の価値観や生き方はそれぞれなので、僕はそうした就職（就社）を否定はしません。でも、「なぜこの組織で仕事をするのか」「この仕事で何をなしとげたいのか」が自分でもわからないと、自分の中の構造が不安定になり、心理的安全性は望めません。

この社員側の問題点については、後であらためて取り上げるつもりです。

## 構造があやふやだと利己的に行動してしまう

さて、構造が明確でない企業に、構造が明確でない社員がたくさん集まるとどうなるでしょうか。たとえどんなに今は業績のいい企業でも、たとえどんなに能力が高い社員が集まっても、組織としては機能しなくなるでしょう。**意図や目的がない集団では、相手のことを、自分のためにうまく利用してやろうという考えが生まれるからです**。

たとえば、栄えている村があるとします。肥沃な土地に恵まれ、ご先祖様が頑張って開拓したおかげで、村人は何不自由なく暮らすことができます。その村に、よそ者がフラリとやってきて、なんとなく仲間に加わりました。さて、何が起こるでしょうか。

彼（彼女）は別に農業がしたいわけでも大工がやりたいわけでもない、村人と仲良くしたいわけでもない。でもこの村にいれば安全で食いっぱぐれはない。だから、みんなが働いているときに「頭が痛い」と言ってさぼり、収穫のときだけ一番出来がいい作物を刈り取っていく。利己的な「やったもの勝ち」の世界になる。残念ながら、そうした黒い心理が働いてしまうのが人間なのです。

これはたとえ話の農村だけでなく、企業にも起こりえることです。パーパスやＭＶＶが明確でなければ、「給料水準が高い」「福利厚生がしっかりしている」といった動機だけでその企業に入ってくる人も受け入れることになり、その動機を最大化させるメンバーも出てくるでしょう。そして、周囲の人がそのことについて不信感を持っても、明確な構造がなければとがめることもできません。建設的な意見の対立も望めないでしょう。

一方、パーパスやＭＶＶがはっきりしていれば、採用段階でそれらに合致する人としない人とを選別することができるし、また本人に至らない点があれば、それらに照らし合わせて直言することができます。

構造を明確にして、大切にする価値観や、進むべき方向性を明らかにしてこそ、健全な対立も可能となります。心理的安全性が確保され、メンバーも迷うことなく働くことができるのです。

## 組織やチームとしてのミッションやパーパスがなければメンバーが利己的な行動を取る可能性が高い

コラム

# お飾りの企業メッセージから透けて見えること

テレビCMなどでよく、企業メッセージを耳にすることがあります。「豊かな暮らしを守る」とか「自然と共に生きる」といったものです。

企業メッセージは、企業理念や自分たちのあるべき姿、顧客や社会への想いなどを端的にまとめたものです。でも、そのメッセージを発信している本人が、それを信じていないケースも残念ながらあります。

こんなことがありました。ある大企業の子会社の役員にお会いしたときのことです。この親会社にも、日本人なら誰もが一度は耳にしたことがある企業メッセージがあります。

僕は子会社の役員に、「素晴らしい企業メッセージですね。社員は日常の仕事を通じてこのメッセージをどうやって表現しているのですか？　会社の評価制度にどのように落とし込まれているのですか？」とたずねました。すると、驚いたことにその役員は、「あぁ、あれね。あれは広告会社がつくったものだから、社内では関係ないんだよ」と平然と言い放つではありませんか。

せっかく素晴らしい企業メッセージがあっても、それを自分たちの存在意義に落とし込んで社内で共有していないどころか、認識すらしていません。おそらくこれは、この会社だけでなく、日本の多くの企業の課題だと思います。

企業の経営層ですら、自分たちが体現したい世界観や働く意義を言語化できていないことがあるのです。会社のパーパスやビジョン、存在意義を社員に語ることができなければ、いずれ顧客も社員も、誰もついてこなくなるでしょう。

構造の明確化

# 1-5 必要な情報をチーム内で適切に共有する

## 情報は他人をコントロールするための道具ではない

構造の明確化に関連して、情報の共有についてもここで触れておきましょう。組織には様々な情報がありますが、これが適切に開示されているか、オープンになっているかも職場の心理的安全性に大きく関わってきます。

英語でKnowledge is power.というフレーズがあります。**「知っている」「情報を持つ」ことは「力を持つ」ことと同義です。「知識は力なり」です。**社内でより多くの情報にアクセスできる人、より多くの情報を持っている人が、よりスピーディに意思決定でき、より大きな仕事を手にすることができる。その結果、より有利な立場に立てることは容易に想像できるでしょう。

残念ながら多くの企業では、**ポジションの高い人がその立場を利用して情報を独り占めし、自分の保身や社内政治に走るケースが多く見られます**。よくありがちなのは、上司が部下に情報を渡さない、あるいは隣のチームに情報を渡さないことで優位に立ち、周りをコントロールできるという感覚に陥ることです。たとえば、目をかけているAさんには情報を与え、自分とソリの合わないBさんには与えない。「社長から聞いた情報をお前にだけ伝えるから……」と言って社内政治に情報を使うのは最悪のケースです。「自分には適切に情報が開示されていない」と部下が感じれば、その仕事に安心して取り組むことは難しくなります。

さらには、そこから社内派閥が生まれ、部下は上司の顔色をうかがい、忖度するようになり、職場の心理的安全性は下がります。

## 心理的安全性のある職場では情報が共有されている

適切な意思決定は、そのために必要な情報が入手できるかどうかにかかっています。

そしてそれは、マネジメント層であれチームメンバーであれ、どんな立場であっても等しく言えること。現場のスタッフであっても、適切に判断し行動するためには、判断材料となる情報が必要です。つまり、社内のポジションや立場に関係なく、その人にとって必要な情報には平等にアクセスできることが大切なのです。

業界や競合他社の動きはもちろん、社内の動きや会社の方針、人事評価の基準なども重要な情報です。たとえば、「来期からはこれを重点課題に位置づけるため、人事評価もこのように変わる」といった社内情報は、社員に速やかに等しく共有されなければなりません。それによって社員は心の準備や対策ができます。反対に、社員が環境の変化を知らされぬまま、従来どおりコツコツと働いて、会社の方針転換の犠牲になることは避けなければなりません。

**意思決定に必要な情報にアクセスできない、もしくはそれによって成果が出せなければ、メンバーはネガティブなストレスに苛まれます**。必要な情報をメンバーと共有することは、職場の心理的安全性を保つためにとても重要なことなのです。

また、**上司や周りからのフィードバックも重要な情報共有の一つです**。たとえば、「期待どおりの仕上がりで満足している」とか、「この部分は基準に達していないからやり直し」といったフィードバックは、自己認識と相手の期待感のギャップを埋めるために不可欠です。フィードバックがなければ、メンバーは「自分の仕事が期待に沿っているのか」「改善の必要があるのか」「認めてもらえているのか」がわからずに不安になり、心理的安全性が下がっていきます。メンバーへのフィードバックについては、後で詳しく紹介します。

## 共有しなくてよい情報もある

もちろん、どんな情報も共有すべきと言っているのではありません。当たり前ですが、社員の給与情報や個人情報など、メンバーの意思決定に無関係な情報は共有する必要がありません。また、情報の与えすぎも考えものです。情報過多によってメンバーが混乱し、かえって決められなくなるなど、意思決定の足かせになることもあります。

マネジャーの役割は、メンバーが最高のパフォーマンスを発揮できるようサポートすることです。メンバーの適切な意思決定に必要な情報を、必要なタイミングで渡すことが大切です。

## 情報には「力」がある
## その「力」でメンバーをコントロールしてはいけない

対話

# 1-6 なぜ心理的安全性には建設的な意見の対立が必要なのか

## 多様な意見から成果は生まれる

意見の対立や衝突が苦手な日本人は、意見の対立のない職場のほうが、心理的安全性が高いように思うかもしれません。でも、そうではないのです。

「心理的安全性」の定義を改めておさらいしておきましょう。心理的安全性とは、「リスクある行動を取っても、馬鹿にされたり罰せられたりしないと信じられること」だと「はじめに」で述べました。

この「リスクある行動」を象徴するものが、チーム内の「意見の対立」なのです。たとえば、相手の立場に関係なく、「それ、違うよ」「自分はそうは思いません」と異論を唱えられるかどうか。あるいは、メンバーからの反論や批判を恐れずに、自分が言いたいことを言えるかどうか。

もちろん、常に意見の対立がないといけないわけではありません。ただ、**対立がまったくない職場は危険です**。このことを僕は強調したいのです。

意見の対立が奨励されない職場では、正しい議論を行うことができません。立場が上の人や声の大きい人の意見だけが通り、多様な価値観や考え方の衝突からよりよいアイデアや提案が生まれる機会が奪われます。

職場は成果を出す場所である以上、建設的な意見の対立が不可欠です。新しいアイデアや知恵、ひらめきは、メンバー同士が異なる意見をぶつけ合い、違いを乗り越えて創造性を発揮したときに生まれるものです。

## 「反対意見＝相手の否定」ではない

そもそも、一人ひとり価値観も考え方も違う存在ですから、自分らしく力を発揮しようとすれば、チーム内で意見の対立が起きるのは必然です。対立を恐れて周りに同調ばかりしていては、自分らしさを発揮することはできません。

日本人は意見の対立が苦手と述べましたが、どうやら「反対意見を述べること＝相手を否定すること」と捉える人が多いようです。相手のことを否定したくないし、自分も相手から否定されたくない。そんなふうに感じて、意見の対立や衝突に躊躇するのかもしれません。

後で詳しく述べますが、**意見の対立は、必ずしも相手を否定することとイコールではありません**。「タスク（仕事や結果）」と「人」を区別することで、意見を異にしながらも、相手を尊重し、同じ目的に向かって協力することができます。

それを理解したうえで、意見の対立は相手を否定することではなく、「自分らしくいるために大切なこと」と捉え直してみてほしいのです。自分らしくいるために、自分が言いたいことを言えること。それが賛成意見であれ、反対意見であれ、自分の意見を躊躇なく表現できる環境であること。これが心理的安全性の高い職場に必要な条件のひとつだと僕は考えます。

## 対立意見がたくさん出るチームほど自由に発言できるいいチーム

対話

# 1-7 信頼のベースとなる「対話」は心理的安全性の必要条件

## 「会話」と「対話」は違う

意見の対立が建設的なものになるためには、対立しても人間関係が壊れない信頼がベースになければなりません。「ここで反対意見を述べても、私たちの信頼関係は揺るがない」と思えるから、自分の言いたいことを言えるのであって、もし意見の対立によって人間関係が壊れてしまうなら、対立を恐れて何も言えなくなってしまいます。

お互いの信頼を構築するのに不可欠なものが、「対話」です。

「対話」とよく似た言葉に、「会話」があります。ここで「対話」と「会話」の違いに触れておくと、**「会話（conversation）」は、いわゆる日常的な会話のことです。一方、**

**「対話（dialogue）」は、お互いの理解を深め合うことで行動の変化を生み出していく「創造的な会話」のことです**。僕はこの2つを使い分けていて、相互理解を深めて人間関係を構築していくのに必要なのは、「対話」だと考えています。

意見の対立がきっかけで人間関係が悪化するのは、相手のことをよく知らないからです。相手のことをよく理解していれば、多少の意見の対立があっても人間関係は崩れません。

## 対話を通してポジティブな意図を共有する

意見や考えは一人ひとり違っていて当然です。でも、対話を重ねていけば、価値観ベースで共感できます。

たとえば、女性は結婚したら仕事をどうするかという問題。いつの時代にも賛否両論ある普遍的なテーマです。僕自身は、「人にはそれぞれ違った能力が備わっているため、能力のある人は男女問わず誰でも仕事を持ち、その力を発揮すべき」という考えです。リモートも含めて働き方が多様化している今だからこそ、女性は結婚しても専業主婦になる必要はなく、どんどん社会に出て働いてほしいと思っています。

これに対しては、反論もあるでしょう。たとえば、「家庭をつくり、家庭を守る仕事は社会における大事な役割。男性より女性のほうがその役割に向いているなら、女性は結婚したら家庭に入るべき」と考える人もいると思います。

これらは真逆の考え方のように見えます。しかし、**対話を通してその奥にある意図を探っていくと、お互いのポジティブな意図に気づくことがあります**。たとえば、「女性は家庭に入るべき」という保守的な主張の奥には、「よい社会をつくるためには、よい家庭、よい絆を育まなければならない。母親が家庭にいてこそそれが可能になる」という意図があるかもしれません。

「よい社会をつくりたい」という意図には僕も大賛成です。保守的な考え方には賛同できなくても、共によりよい社会を目指す者同士、お互いの価値観を認め合うことはできそうです。

ここで伝えたいことは、「どっちの意見が正しいか」ということではありません。たとえ表明する意見が違っていても、その奥にある誠実な意図や哲学を対話を通して伝え合うことができれば、お互いの理解が進み、お互いに信頼して、尊敬したうえで、自分の考えを述べ合うことができるのです。

メンバー内で目指す方向や目的さえ共有できていれば、意見が対立してもチームの心理的安全性が崩れることはないと僕は考えています。

## 意見が人によってそれぞれ異なるのは当たり前<br>対話を通して互いの価値観を認め合う

職場やチームの心理的安全性に大きな影響を与えるのが、マネジャーの存在です。メンバーとどう向き合えばいいのか。自分自身が、どんな姿勢を心がければよいのか。職場で気をつけるべきことは何か。マネジャーとして心得ておくべき基本的な心構えについてご紹介しましょう。

# 第2章

# 心理的安全性を高める「考え方」の基本

# 2-1 人にやさしく、結果に厳しく

## 人とタスクを区別する

メンバー同士がお互いのことを認め合いながらも、仲良しクラブで終わるのではなく、建設的な意見の対立を通して（＝心理的安全性を確保して）しっかりと成果につなげていくのが、我々ビジネスパーソンの務めです。では、そのような環境をどうやってつくっていけばいいのでしょうか。

すでに述べたとおり、職場の心理的安全性は、職場で最も影響力の強いマネジャーの肩にかかっています。つまり、メンバーに対するマネジャーの関わり方がとても重要です。

そこで、僕がマネジャーの方々に提案したいことは実にシンプル。

それは、「人にやさしく、結果に厳しく」のアプローチです。このアプローチが、心理的安全性を育んでいくための土台だと僕は考えています。

このアプローチで重要なことは、**「人」と「タスク」を区別する**ことです。これさえできれば、「人にやさしく、結果に厳しく」の最初のハードルは越えられたも同然です。


次のような場面を想像してみてください。メンバーが商品紹介文を作成し、それをマネジャーのあなたに確認してほしいと言ってきました。読んでみると、ユーザーに誤解を招くような表現が所々に見られます。この場合、メンバーにどんな言葉でフィードバックするとよいか考えてみてください。

人とタスクを区別せずに伝えると、おそらくこんな感じになるでしょう。

「こんな誤解を招く表現では、とてもじゃないけど掲載できないよ。なんであなたはまともな文章が書けないの？」

いかがでしょうか。ついこんなふうに言っていませんか。

この伝え方がマズいのは、「タスク」に関するネガティブフィードバックだけでなく、

「なんであなたはまともな文章が書けないの？」と、タスクを担った「人」のことも否定してしまっている点です。

では、人とタスクを区別しながら伝えると、どうなるでしょうか。

「昨日は遅くまで残ってこの文章を考えてくれたんだね。お疲れ様。ただね、この表現はお客様の誤解を招くから、このままでは掲載できないな。この部分の表現を再検討してくれるかな」

タスクに関してネガティブフィードバックする一方で、タスクに取り組んだメンバーの労はしっかりとねぎらっています。このように伝えれば、相手も「自分が否定された」とは受け取らないと思います。マネジャーの指摘に萎縮したり反発を覚えたりせず、前向きにタスクに向き合うことができるでしょう。

## 否定されると居場所がなくなる

職場に「心理的安全性がある」ということは、そこにいる人が「安全」と感じていることを意味します。人は何をもって職場で「安全だ」と感じるかというと、「自分には居場所がある」と感じられることです。職場やチームの中で、「自分の居場所がある」と感じられると安心できます。

では、どんなときに居場所を感じられなくなるのかというと、自分が否定されたときです。「お前はダメな人間だ」などと否定されると、「自分の居場所がない」と感じてしまいます。だから否定されたくないし、もっと言えば「承認されたい」のです。「頑張ってくれたんだね、ありがとう」と存在を認められたいのです。これを「承認欲求」と言います。**人には承認欲求があり、承認されることで「自分には居場所がある」と感じたい。これが安全を求める人間の根本的な願いなのです**。

「人にやさしく」は、言い換えると、相手のことを尊重し、「人として人を見る」「人として人に接する」ということです。人はそれぞれ異なる意思や思い、考えを持っています。それらを認め、尊重すること。メンバーの根本的な願いを受け止め、彼らが自分らしく、安全を感じながら仕事ができる環境をつくるのがマネジャーの務めです。厳しく指摘すべき事柄は何かを見極めて、相手の人格を否定することなく、「人として接する」ことが大切なのです。

そして普段から人にやさしく接していればこそ、結果に関しては厳しいことも言えます。つまり、心理的安全性が確保されているから、結果に厳しくしても人間関係が壊れないのです。

## 仕事にダメ出しするのはＯＫ 人にダメ出しするのはＮＧ

コラム

### 日系企業vs.外資系企業、心理的安全性が高いのはどっち？

「結果に厳しい」と聞いて多くの日本のビジネスパーソンの脳裏に浮かぶのは、外資系企業でしょう。実際にそのとおりで、外資系企業がパフォーマンスの低い社員を解雇したという話は、僕もよく耳にします。成績が低迷している社員は改善プランを求められ、それでもパフォーマンスの向上が見られなければ、理由が何であれアウトです。特に、結果が厳しく求められる金融業界では、下位10％の社員が定期的に解雇されるところもあるくらい、結果に対してはシビアです（ただし、雇用の流動性が高いなど、日本とは異なる雇用環境であることにも留意が必要です）。また、外資系企業では社員同士の意見の対立も日常茶飯事です。

そんなハードな一面を見て「日本の企業より心理的安全性が低そうな職場だ」と考える日本人もいるようですが、果たしてそうでしょうか。

たとえば外資系企業では役割分担や評価基準など仕事上のルール（構造）が明確なので、与えられた成果目標さえ達成すれば、残業をする必要も、余計な付き合いをする必要も一切ありません。

また、はっきり物申す人たちも多いので、腑に落ちないモヤモヤや理不尽な思いを胸に抱えることも少ないです。嫌なことを「嫌だ」と言える環境がそこにはあります。さらに、働き方の自由度も総じて高いことから、実はどちらかといえば、一人ひとりを尊重した「人にやさしい」職場とも言えるのです。

一方で日本の企業の多くは、たとえ与えられた成果目標を達成できなくても、外資系企業のように解雇される心配はありません。

しかし、職責や仕事の範囲といった構造が曖昧であるために、何をすれば評価されるのかがわからなかったり、サービス残業をする必要に迫られたりもするようです。また、社員同士の意見の対立は少ないかもしれませんが、たとえ大事な指摘でも言いにくければハッキリと言わない傾向があります。働き方にしても、時間や服装の自由度は低めで、心理的安全性の観点からはむしろ、その人らしく働ける「人にやさしい」職場とは言えないかもしれません。どちらかといえば「人に厳しく、結果にやさしい」と言えるでしょう。

さて「人にやさしく、結果に厳しい」外資系企業と、「人に厳しく、結果にやさしい」日本企業、どちらがよりのびのびと自分らしく働ける職場でしょうか。これは「人それぞれ」としか言えません。外資系企業のスタイルに合っている人もいるし、日本企業のスタイルに合っている人もいるからです。

ただし、心理的安全性の観点から言うと、構造が曖昧で、反対意見を自由に述べられない職場では、本当の意味で自分らしく働くことは難しいと思います。また今後、日本企業でも成果重視の傾向が強まると、「人に厳しく、結果にも厳しい」職場になる可能性があることも覚えておきましょう。

# 2-2 メンバーは「管理」しないで「支援」する

## 僕が嫌いな「管理職」という言葉

さて、皆さんに質問です。日本語に「管理職」という言葉がありますが、管理職とはいったい何を管理する人なのでしょうか。日本の管理職の皆さんにぜひ質問してみたいです。あなたは何を管理していますか。

「管理職」という言葉は、部下やメンバーなど「人を管理する」というニュアンスが強いように思います。僕はこの言葉が嫌いです。

僕がイメージする「人を管理する」は、刑務所の中に受刑者を拘置するような景色です。時間になったら否応なく起床させ、点呼を取り、食事を与え、作業場に向かわせる。

これが「人を管理する」です。

もう少し身近にある例も挙げましょう。僕がよく利用する駅は、ホームの幅が狭くて、通勤時間帯はかなり混雑します。発車しようとする電車からはみ出している人たちを、駅員さんたちが必死になって押し込みます。とにかく乗客を詰め込んで、発車時刻に間に合わせようとします。これもまさに、「人を管理する」ことだと思います。運行時間の厳守や乗客の安全を守るために必要な仕事なのだとは理解しますが、毎朝、僕はこの光景を見るたびに暗い気持ちになります。

これらはたとえ話ですが、僕が言いたいのは、**「人を管理する」ことは、「人を〝もの〟として扱う」ことと同じだということです**。あなたの組織にもいませんか？　まるで〝もの〟のように「人もコントロールできる」と勘違いして、「こうすればいいのに、なぜそうしないの?」と自分の考えを押しつけたり、「お前はこうだからダメなんだ」と一方的に決めつけたりするマネジャーが。相手に対して怒鳴ったり、プレッシャーをかけたりして、自分の意に沿わせようとする。僕はこれが「人を管理する」ことだと解釈しています。

日本の企業では、「人を管理することが管理職の仕事」だと勘違いしている人が多いようです。これは、相手を尊重することによる「人にやさしく」のアプローチとは対極のアプローチだと思います。

## 管理しなければならないのはプロセスと結果

本来、人は管理するものではありません。

では、**管理職は何を管理するのかといえば、仕事をする「人」ではなく、仕事をする「プロセス」であり、その先にある「結果」です**。結果を生み出すために必要不可欠なリソースを管理し、結果を生み出すまでのプロセスを管理します。目標設定をメンバーと一緒に行い、その目標達成のために、「いつまでに何をするか」を管理していきます。

これが「結果に厳しく」の意味するところです。

目標達成が難しそうな場合は、目標を下げるか、メンバーの行動変容を促すことで、目標達成を目指すのです。

## 「管理」するのではなく「支援」する

そこで、こんな疑問が湧いてきます。

「メンバーの行動変容を促す」と述べましたが、メンバーの行動を変えさせようとするのは、「人の管理」ではないのか。もっともな疑問です。「もっとしっかりやれ」と叱咤激励したり、「目標達成しなければ評価に響くぞ」とプレッシャーをかけたりするのは、「人を管理している」と言われても仕方ありません。

では、どうするのか。

メンバーを目標達成に導くのに、管理しなくても「支援」することはできます。

「この目標を達成するには、このレベルまで持っていく必要があります。今、ネックになっていることは何ですか？　僕にできるサポートがあれば、何でも言ってください」

このように、**ゴールまでの障害を取り除き、あるいは足りないリソースを提供して、目標達成しやすい環境を整えていく**ことこそ、マネジャーの仕事なのです。

## 「あなたのためにここにいる」がマネジャーの存在意義

会社組織では、個人もチームも成果を出すことが求められます。これはどの会社でも同じです。では、そのためにマネジャーが果たすべき仕事は何でしょうか。
それは、**一人ひとりのメンバーが最高のパフォーマンスを発揮できるための環境を整えること**です。すなわち、メンバーが仕事の意義を見出し、仕事を通じて価値を提供するためのプロセスをつくること。これがマネジャーの仕事です。

ところが、一部のマネジャーは、自分の好き嫌いで相手への接し方を変えたり、年齢や性別、価値観などの違う相手に対してバイアスを抱いたり、自分が「正しい」と思うことを相手に押し付けたりしているようです。これは「出来の悪いマネジャー」のすることです。

優れたマネジャーは「相手起点で考え、相手を生かす」ために動きます。一方、出来の悪いマネジャーは、「自分起点で考え、自分の思いどおりに相手を動かそう」とします。これが優れたマネジャーと出来の悪いマネジャーの違いです。自分起点で考えるのか、相手起点で考えるのか。矢印がどちらの方向に向いているのかを、マネジャーは意識する必要があります。

マネジャーの仕事を「相手起点」で捉え直すとこうなります。

「あなたが仕事を通じて最高の自分になれるよう支えるのが私の仕事。マネジャーの私は、あなたのためにここにいますよ」

メンバーにこのように伝えることができれば、マネジャーのあり方として申し分ありません。

## 「管理職」ではなく「支援職」だと心得るのが心理的安全性を高めるマネジャー

# 2-3 異なる価値観に対して寛容であり続ける

## みんな違って、みんないい

チームや組織の中には、人それぞれ異なる価値観や優先順位が存在します。

「価値観が異なる人がいるとストレスになる」

「あの人とは考え方が合わないから距離を置こう」

もしあなたがそんな風に思っているなら、考えを改める必要があります。心理的安全性とは真逆の発想だからです。

たとえば、僕は「自由」が好きで、「自由であること」がとても大事です。会社のスタッフにも自由に動いてほしいから、会社では完全フレックス制を導入しています。

一方、社内には仕事のルールや決まり事をしっかりと守ろうとするスタッフもいます。彼らは時間厳守で行動し、物事を完璧にこなそうとします。「プロフェッショナルならそれが当然」という自負を感じます。

しっかり者のスタッフと自由人の僕との間では、たまに意見の食い違いが生じることがあります。それでいいのです。チーム目標などの構造が明確で、お互いの間に信頼と尊敬があって、「建設的な働き方をしたい」とポジティブな意図さえ共有していれば問題ありません。

**むしろ、お互いに価値観が違うからこそ、協力し合うことでそれぞれの強みを生かすことができます**。僕とスタッフとの関係でいえば、僕がついうっかり顧客との打ち合わせに遅刻しないように、しっかり者のスタッフが「15時から打ち合わせです。10分前には入室していてください」とリマインドしてくれています。そのおかげで、僕は時間を気にせず目の前のことに集中して、創造的な仕事に力を発揮することができています。

## マネジャーには編集能力が必要

これからの時代をつくるマネジャーには、チーム内に存在する価値観の違いを許容しつつ、それらを土台に対話や議論を発展させていける編集能力が求められています。そうすることで、それぞれのメンバーが持つ得意分野や強みなどの個性が発揮されやすくなり、マネジャーはそれらを組み合わせてチームとして成果を出していくことができるようになります。

かつてのように、「これが正しくて、これは間違い」と独善的に白黒をつけるやり方は、通用しなくなっていくと思います。それではチームが持つ潜在力を伸ばすことができませんし、メンバーの不安や不信感、緊張感をあおり、活力を奪ってしまいます。

以前、拙著『パラダイムシフト　新しい世界をつくる本質的な問いを議論しよう』（かんき出版）の中で、各分野で活躍する21名のトップランナーの方々にインタビューしました。一見すると歩み寄りが難しいくらい僕とは真逆な考え方の人もいましたが、**彼らの素晴らしさは、自分とは違うパラダイムを受け入れる力を持っていることでした**。

自分の価値観を大事にしながら、相手の価値観も尊重することができる。職場に心理的安全性を育んでいけるのはそういうマネジャーだと思います。

## 意見や考えが異なるメンバーがいるからこそ チームは成果を出せるし、成長できる

コラム

# 横の編集能力と縦の編集能力

チーム内の多様な価値観を尊重しつつ創造性につなげるのが「横の編集能力」だとすれば、マネジャーには「縦の編集能力」も求められます。

縦の編集能力とは、経営層と現場で異なる価値観をコミュニケーションさせるための翻訳能力のことです。つまり、現場の声を経営層に伝える際に、経営層が意思決定しやすい形で伝える。あるいは、会社のビジョンやミッションを現場に伝える際に、現場が理解しやすいように、日常業務に落とし込んだ形で具体的に伝えることが必要になってきます。

よくある例として、マネジャーが上から「君の部門は売上が出ていない。これがあと半年続くと人員削減をしなくてはならない」と言われて、それをそのまま現場に伝えたらどうなるでしょうか。現場の不安をあおるばかりで、パフォーマンスや働きがいは一気に損なわれてしまいます。マネジャーが現場に伝えるときは、メンバーに危機感を抱かせながらも、手足を動かして売上をあげられるような具体的プランを伝える必要があるのです。

チーム内の横の編集能力、経営層と現場をつなぐ縦の編集能力。この両方がマネジャーには求められています。

# 2-4 マネジャーに求められる「自己認識」「自己開示」

## 自己認識とその言語化は社会人としてのたしなみ

前節で多様な価値観の話をしましたが、ここで皆さんに質問です。自分の価値観、あるいは仕事をする意義を、自分の言葉で語ることができますか？　チームの心理的安全性を高めるために、相互理解を進めるうえで大前提となることが、互いの価値観を認め合うことです。でもその価値観、自分できちんと理解しているでしょうか。

そこでまずマネジャーに求められることは、自分のことをよく知り、理解し、それを周囲に伝えること。つまり、自己認識とその言語化（自己開示）です。自分のことがわかっていて、それを相手に伝えることができるから、お互いの共通点や相違点が明らかになり、対話による歩み寄りに進んでいけるのです。

多くの人は、「自分のことは、自分がよくわかっている」と思っているかもしれませんが、僕が見るところ、自己認識できていない人が意外に多いものです。自分がどんな人間で、どんな価値観を大事にしていて、どんな価値を社会に提供していきたいのか。これらを言葉で表現するのが苦手な人が多いのです。

## 職場に誤解や忖度がはびこるのは、自己開示が足りないから

自己認識と自己開示ができる人は、すなわち、「自分はどういう人間」で、「何を求めているのか」がわかっていて、それを言葉で相手に伝えることができる人です。たとえば、「これを探しているから手伝ってほしい」とか、「あなたにこれをお願いしたい」といった日常的なやり取りも、自己認識と自己開示が土台になければ成立しないのです。

ところが職場では、言葉で伝えることを放棄して、「私の言いたいことくらいわかるでしょ。自分で察して動いてよ」と相手に解釈を委ねる人が多くて、本当に困ったものです。エスパーでもない限り、他人があなたの心の声を読み取ることなどできません。

「これくらい察して」が常態化している職場では、コミュニケーション不足による誤解からミスや失敗が増えて、職場の雰囲気が悪くなっていきます。部下は、言葉で伝えようとしない上司の顔色をうかがいながら、解釈を誤って上司の機嫌を損ねないようにいつもビクビクしています。**言葉ではっきりと伝え合わない職場では、心理的安全性は崩壊していきます**。

自分の希望や要望をしっかりと認識して、それを言葉で相手に伝えることは、マネジャーはもちろん、社会人として最低限のたしなみではないでしょうか。

職場の心理的安全性につながる自己認識、自己開示の具体的なやり方については、《マインドセット編》で詳しく説明します。

## マネジャーは自分のことを理解して言語化しよう でなければ、メンバーは忖度したり顔色を うかがわなくてはならない

# 2-5 ハイコンテクスト文化を ローコンテクスト文化に変える

## 「阿吽の呼吸」の弊害

日本の企業の職場は、ハイコンテクストな日本文化に影響を受けています。ハイコンテクストとは、コミュニケーションの土台となる言葉や価値観が共有されている状態のことです。

たとえばこのような会話のやり取りを、皆さんも日常でしているのではないでしょうか。

「あの件、よろしくね」
「あれはちょっと無理」

「いつもどおり、いいんじゃない？」

お互いにいちいち説明しなくてもわかり合える前提なので、ハイコンテクストなコミュニケーションはとても効率的です。

よく理解し合っているメンバー同士なら、ハイコンテクストなやり取りでも問題ありません。たとえば、スポーツのチームが阿吽の呼吸で抜群のチームプレイを発揮できるのは、練習の段階でチームの作戦を徹底的に議論し、お互いの動きを細かくチェックして、体に染み込ませているからです。試合中に言葉を交わさなくても、相手の考えていることや次の動きが読めるので、スムーズな連携プレイができるのです。

ところが、相互理解が不足している間柄では、そうはいきません。双方の思惑がずれてミスにつながり、互いへの不信感からチームの雰囲気も険悪になるでしょう。日本人には昔から、「自明のことをわざわざ口に出して言うのは野暮」といった感覚があります。「みんなこれくらいわかっているよね」という前提で話が省略されたり、「普通はこうだよね」という便利なフレーズのもと、「普通とは何か」が説明されないまま話が進んでいったりします。いわゆる「阿吽の呼吸」が美徳とされて、明確なルールや基準が必要とされてこなかったのです。**ハイコンテクストな文化にあぐらをかいているうちに、相互理解が不足して、心理的安全性が置き去りにされています。**

特に最近は「ダイバーシティ＆インクルージョン」の考え方が注目され始めた影響もあり、日本企業でもグローバル化や中途採用などによる人材の多様化、世代間ギャップの増大が進み、価値観の多様化が進んでいます。日本人の美徳であった阿吽の呼吸に頼りすぎると、相手が自分の期待どおりにならない場面に遭遇するたびに、相手の思惑が読めずに不安や猜疑心を抱いて、チームづくりがうまくできない現状があるのです。

## ローコンテクストを前提とした対話がカギ

職場の心理的安全性を高めるには、ローコンテクストなコミュニケーションを前提としなければいけません。

ローコンテクストとは、ハイコンテクストの反対で、「みんな違う考え方や価値観を持っているから、言葉に出して言わないとわからない」が当たり前となっている状態です。

たとえば、「この会社はこういう価値観を大切にしているから、あなたもこの価値観に沿った行動をしてほしい」「この仕事はこれが基準です」とメンバーにはっきりと伝えることが重要です。一人ひとり違う人間だからこそ、仕事上のルールや基準を明確にしたうえで、対話を通じてお互いの理解を深めていくのです。**いろいろなことが言語化されて明確になれば、それをもとにメンバーはどんな行動を選択すべきかわかるので、不安や猜疑心は減ります**。また、ミスや間違いに対して訳もわからず叱られることもなくなり、理不尽な思いもしなくてすみます。

補足すると、「ハイコンテクストになりがちな日本の企業がすべてよくない」と言いたいのではありません。日本の企業の中にも、構造の明確化や対話の重要性を理解し、ローコンテクストな仕事のやり方を実践している企業があります。そういった企業は素晴らしい成果を出しています。

またその逆も然りで、ローコンテクストな文化でありながら、丁寧に言葉を尽くした対話が欠けていて、相互理解の不足から心理的安全性が低い外資系企業もあります。

## ダイバーシティ&インクルージョンの時代には ローコンテクストなコミュニケーションが求められる

# 2-6 たとえ厳しいことでも「早く」「ストレートに」伝える

## 「気遣って、言わない」のはマネジャー失格

心理的安全性を高めるためには「人にやさしく」だけではダメで、「結果に厳しく」なければいけません。結果が出ない、つまりチームに貢献できないメンバーをそのままにしておくと、他のメンバーにとってストレスとなったり、「結果を出さなければいけないのか、出さなくてもいいのか」と構造が不明確になり戸惑うことになります。だいいち、**チームで結果が出なければ「人にやさしく」する余裕もなくなり、最悪の場合は組織もなくなります**。

マネジャーとしては、メンバー起点で考え、彼らを信頼し尊重し、支援しつつも、仕

事の結果やプロセスについては、たとえ厳しい話であっても、躊躇なく伝える必要があります。

メンバーが仕事で問題を抱えたり、行き詰まったりしているときは、早い段階で軌道修正ができるよう、早めのフィードバックが必要です。

その際、「ストレートに間違いを指摘すると相手が傷つくのではないか」「細かい点まで注意すると相手が嫌な思いをするんじゃないか」とおもんぱかって、ふわっとした表現で伝えようとする人がいます。**相手を傷つけない＝心理的安全性が高い、という誤解**があるからですが、そのやり方は相手のためにも自分のためにもなりません。

たとえば、夫が妻のために作った料理が、妻の口に合わなかったとします。妻としては「せっかく夫が作ってくれたのに、美味しくないと言うのは気が引ける」と思うかもしれません。しかし、正直に伝えないと、同じような料理が今後も繰り返し食卓に並ぶことになります。しかも、「妻はこの料理を気に入ってくれている」と夫が勘違いしてしまったら、食べ残す妻に対して「頑張って作ったのになんで食べてくれないの？」と不満を募らせます。こうなると状況はどんどん悪化していきますから、お互いに不幸です。

職場に話を戻すと、厳しいこともはっきりと言わないと、マネジャー自身にも火の粉が降りかかってきます。問題を指摘せずに放置しておくと、同じ問題が繰り返され、いつまでたってもチームの生産性は上がりません。チームの成績が振るわなければマネジャーが責任を問われます。

また、メンバーの成長を考えれば、**伝えるべきことを伝えずに本人を問題と向き合わせないのは、育成を放棄していると言われても仕方ありません**。

厳しい指摘こそ、何かが起きる前に、前払いで伝えるべきだと僕は思っています。「これはこうしてほしい」「ここは直してほしい」ということを早い段階で伝えていく。これが、状況を悪化させずに、建設的な関係性をつくっていくためには大切なことです。自分に対しても相手に対しても誠実に、言うべきことを言い合うことが、結果的に職場の心理的安全性を高めていくのです。

## プレッシャーがすべて悪いわけではない

厳しい指摘と同じく、メンバーにプレッシャーをかけることにも躊躇するマネジャーがいます。プレッシャーというと、悪いものと理解されがちですが、一概にそうではありません。むしろ、人が成長するためには多少のプレッシャーは必要です。

ビジネスと同じく、プロフェッショナルたちがチームでひとつの目標達成を目指して互いに切磋琢磨する、スポーツにたとえて考えてみればよくわかります。スポーツの上達には練習が欠かせません。スポーツで頭角をあらわす人は、たとえば「今日は疲れているけれど、あと30分走ろう」とか、「自分は筋力不足が課題だから、もう少し筋トレを頑張ろう」といったように、練習で負荷をかけているものです。仕事でもスポーツでも、ブレークスルーするためにはある程度のプレッシャーをかける必要があるのです。

ただし、先ほどからお伝えしているとおり、プレッシャーのかけ方には慎重さが求められます。ここで心理的安全性の定義を振り返ると、心理的安全性とは「メンバーがネガティブなプレッシャーを受けずに自分らしくいられる状態」でしたね。

マネジャーに正しい意図がないと、自分の好き嫌いや勝手な思惑で相手を動かそうとして、相手にネガティブなプレッシャーをかけることになります。

「できないのはお前が悪い。もっとちゃんとやってくれ」

こんな風に相手を否定するような伝え方をすれば、心理的安全性が損なわれます。

**ポジティブなプレッシャーを適度にかけてこそ、人は伸び、育ちます。ポジティブなプレッシャーは、マネジャーの正しい意図があってこそ可能です。**「メンバーが最高のパフォーマンスを発揮できる環境をつくるために、私はここにいる」というマネジャーとしてのあり方こそが正しい意図ですから、これを忘れずにいてほしいと思います。

マネジャーに正しい意図があれば、結果に対するプレッシャーがかかっても、心理的安全性が維持されやすくなります。「あなたはもっとできるはず。今はまだこれが足りていないので、これができるように取り組んでください」などと前向きな伝え方ができるので、メンバーが感じるプレッシャーはポジティブに働くのです。それによって成果が出れば、メンバーの自己肯定感も高まり、より成果が出やすくなるという好循環が生まれます。

## 「言わない」やさしさより「言ってあげる」誠実さが心理的安全性を高める

# 2-7 マネジャー自身も心理的安全性を確保する

## 職場の心理的安全性は マネジャーの心理的安全性に影響される

ここまで読んで、心理的安全性とは「チームメンバーが生き生きと働ける環境をつくるために必要なもの」「マネジャーが若手社員のために環境を整えるもの」と理解した人もいるかもしれません。それは必ずしも間違いではありませんが、心理的安全性はチームメンバーや若手社員だけが必要とするものではありません。

この本のメイン読者であるマネジメント層（マネジャーや役員）にとっても、職場で心理的安全性を感じられることはとても重要です。なぜなら、**「職場の心理的安全性は、マネジャーの心理的安全性の有無にかかっている」**と言っても過言ではないからです。

マネジャーの言動がチームメンバーに与える影響の大きさを考えれば容易に想像できるでしょう。

マネジャーの皆さんにはぜひ、自分の心理的安全性が確保されているかどうかにも目を向けていただきたいのです。

なぜなら、管理職や役員、社長であっても、自分の心理的安全性がおびやかされている場合があるからです。そして、本人はそのことに無自覚です。そのことが知らず知らずのうちに職場の心理的安全性を損ねていることがあるのです。

マネジャーはメンバーの評価や配置に関して権限を持ち、メンバーの人生にある程度の影響を与えうる立場にいます。マネジャーがいつも不安で、疑心暗鬼で、言いたいことも言えない状況なら、そのネガティブな感情は容易に職場を支配し、ギスギスした居心地の悪い環境を生むことになります。

## 管理職の心理的安全性が損なわれる原因

マネジメント層の心理的安全性が下がる要因はいくつかあります。

まず、中間管理職の場合、上と下の板挟みであることが、本人の心理的安全性を危うくします。配下のメンバーに対しては、自分らしさを発揮できる環境を提供したいと思っていても、さらに上の上司からは厳しく結果を求められます。立場が上に行けば行くほどプレッシャーも大きくなり、最終的には株主からのプレッシャーを受けます。板挟みの中で、メンバーにもつい厳しく当たってしまうことは十分にあり得るでしょう。

二つ目は、上からではなく、横からのプレッシャーです。マネジャーになれば、自分の仕事、自分の部署だけでなく、隣の部署との連携も求められます。友好的な連携だけでなく、場合によっては予算の取り合いなど、自分の部署を守るために、他部署とタフな交渉をする場面も考えられます。

そして三つ目として、マネジャーであっても、そもそも自分のことがよくわかっていない、自己認識ができていないというケースが挙げられます。若い頃は上司や先輩に言われるがまま、目の前のことに一心不乱に取り組んできたけど、ふとしたタイミングで、自分は何のために生きているのか、なぜこの仕事をしているのか、何を大切にしているのかに疑問を持ってしまうことはよくあります。

日本人は概して、自分の信念や価値観に向き合う機会が少なく、それらを言語化できていません。特にマネジャーは、日々の業務に忙殺され、自己認識する時間が取れない人も多いようです。

自らのアイデンティティの土台が曖昧なので、昨今の激しい環境変化においては、何を軸に進めばいいのかわからず、不安や迷いを感じやすいのです。そうなると人は、心理的安全性が下がる傾向があります。

## マネジャーの心理的安全性が低ければ チーム全体の心理的安全性も低くなる

コラム

## メンバー一人ひとりにも 当事者意識を持たせる

本書では、職場の心理的安全性を高めるために、マネジャーが考えるべきこと、やるべきことについて述べています。なぜなら、マネジャーがチームや職場に与える影響はとても大きいからです。

でも、勘違いしてほしくないのですが、心理的安全性を高めるために、経営者やマネジャーだけが頑張ればいいというわけではありません。そこで働くメンバー一人ひとりにも、自分たちには心理的安全性を高める責務があり、努力が求められることを自覚してもらう必要があります。

「職場の心理的安全性を確保するのは会社やマネジャーの役目。できていないのは彼らの怠慢」

「私たち（メンバー）は、心理的安全性を脅かされる弱者であり被害者である」

心理的安全性という言葉が広まって以降、残念なことに、こういった受け止め方をする人もゼロではないようです。そしてこうした考え方や捉え方が、職場の心理的安全性を高めるうえで障害となっていることもあります。

マネジャーがメンバーのために、職場の心理的安全性を高める努力をすることは大切です。でもメンバーにも、「してもらって当然」ではなく、自分たちが職場の心理的安全性を高める当事者であるという意識を持ってもらうことが大切です。

# 2-8 全人的に見れば「仕事ができない人」は一人もいない

## 人は環境の中で生きている

心理的安全性のある職場をつくるためのマネジャーの心構えとして、最後にお伝えしたいことがあります。それは、メンバーに対して「彼は仕事ができない」とか「彼女は気むずかしい人だ」とか、そういう色眼鏡で見てはいけないということです。

私たちには、相手に何らかのラベルを貼りたがる傾向があります。たとえば、相手の一部分を切り取って、「あの人は怒りっぽい。いつも怒っている」とか、「あの人は悲観的で、いつも否定的なことばかり言っている」などと評価したりします。特に相手と意見の対立や価値観の相違が起きた場合に、相手に否定的なラベルを貼りがちです。「あの人は怒りっぽいから、私に喧嘩を売りにきたんだ」と、まるでその人が「怒りっぽい」という固定された性格であるかのように決めつけるのです。

よく考えてみてほしいのですが、いつも怒っている人はいるのでしょうか。「いつも怒っている」ようにあなたには見えるかもしれませんが、その人がいつも怒っているとは限りません。その職場を離れて、家でくつろいでいたり、自分の趣味に打ち込んでいるとき、その人は怒っているでしょうか。

自分のことに置き換えてみるとよくわかります。あなたにも怒りっぽくなるときがあるでしょう。たとえば、仕事が忙しくて気持ちに余裕がないときはそうかもしれません。ただ、いつも怒っているわけではなく、帰宅して子どもの顔を見れば、ホッと心が安らぐ瞬間もあるはずです。

私たちは環境の中に生きています。置かれた環境によって、心の状態や言動は変化します。よほどの変わり者でない限り、人の特徴や傾向には柔軟性があります。もし、柔軟性が失われているなら、その人は相当のストレスを抱えていると考えたほうがいいでしょう。

私たちはつい、相手のことを「こういう人だ」と決めつけがちですが、**自分に見えている相手の姿は、その状況における相手の姿を切り取ったものでしかありません。**

決めつけによって無意識のうちに相手に偏見の目を持ったり、ネガティブなプレッシャーを与えたりすることで、職場の心理的安全性を損ねているかもしれないことをマネジャーなら認識しておく必要があるでしょう。

## 能力はその人の一側面でしかない

相手を能力で判断する場合にも、同じような落とし穴があります。

「あの人は素晴らしいパフォーマンスを出した」「あの人は成果を出さなかった」と評価することはビジネスの現場においてはある程度必要ですが、「成果を出せない人はダメな人だ」「能力が低いから役に立たない」と、その人を全否定するかのような決めつけは危険です。なぜなら、**目に見える成果やパフォーマンスも、その人が置かれた環境で見せるその人の一面でしかないからです**。

たとえば、英語が苦手な人がいきなり「英語で話して」と言われても、困りますよね。驚いて硬直する人もいるでしょう。だからといって、その人は英語が苦手なだけで、何の役にも立たないわけではないのです。

パフォーマンスが低いと評価されている人は、もしかすると自分の苦手な分野で仕事をしているのかもしれません。得意な仕事を割り当てられれば、誰よりも高いパフォーマンスを発揮する可能性だってあるわけです。この章の冒頭で「人と仕事を分けて考える」ことをお伝えしたことを思い出してください。

優れたマネジャーは、相手の一部分だけを切り取って、その人のことを評価したり決めつけたりしません。全人的に見れば、人にはいろんな面があることに気づきます。人には得意もあれば苦手もあります。それぞれの得意を生かせる環境を用意すれば、「できない部下は一人もいない」ことに気づくはずです。

そして心理的安全性を高めれば、対話を通してそれを引き出し、その人に、生き生きと、自分らしく働いてもらうことが可能になります。

## 人にラベルを貼ると、そこで思考停止に陥る<br>もっとその人に興味を持ち、人として向き合おう

# 第2部

# マインドセット編

メンバーの心理的安全性を高めるためには、マネジャーが自分自身について、どういう人間であり、チームとして何を目指しているかをオープンにする必要があります。ところで皆さんは、それらを正しく理解できているでしょうか。職場やチームに目を向ける前に、まず自分を見つめ直しましょう。

第3章

# 心理的安全性を高める マネジャーの「自己認識」

# 3-1 マネジャーにはなぜ自己認識が必要なのか

## 「透明人間」の存在が心理的安全性をおびやかす

自分の考えや望みを自分から話さずに、周りからも「あいつは何を考えているかわからない」と思われている人のことを、僕は「透明人間」と呼んでいます。

職場に「透明人間」がいると、周りは接し方がわからずに戸惑います。メンバーが透明人間の場合、本人の求める成果がわからないので、上司はサポートのしようがありません。また、上司がそのような場合、部下は求められる仕事の進め方がわからないので、表情から察して動くしかありません。そのため周りの人は仕事がとてもやりづらく感じるのです。

おそらく、自分のことを最もわかっていないのは「透明人間」である本人でしょう。自分は何が好きで、何が楽しくて、何のために生きているのか。本人が理解していないのだから、周りの人が知る由もありません。

これまでも述べてきたように、職場の心理的安全性はローコンテクストコミュニケーションのうえに育まれるものです。「こうしてほしい」という望みがあるなら、それを言葉にして伝えることで、建設的なコミュニケーションができます。**「私の考えはこうだけど、あなたはどう？」と対話することで、お互いを認め合い、相互理解を深め、尊重し合える状態をつくっていくことができるのです**。

ところが、日本の企業には「透明人間」がたくさんいます。これが職場の心理的安全性を下げる要因になっていると僕は思っています。

## 自分のブランドパーソナリティを意識する

マネジャー（あるいは経営者）が「私はこういう価値観です」「目指しているのはここです」「これが好きです」「こういう行為は嫌いです」と表明することは、企業のブランディングと同じです。

ナイキ、ロレックス、マクドナルド。これらのブランド名を聞けば、多くの人はそれらがどんなものか大体イメージできるでしょう。

ナイキなら、「若さ」「挑戦」などの言葉を連想するかもしれません。ロレックスなら「保守的」「ハイクオリティ」でしょうか。

マクドナルドに行って、高級料理を期待する人はいません。「今日は結婚記念日だから、マクドナルドでディナーにしましょう」と奥さんを誘ったら、すごくがっかりさせてしまうと思います。でも、忙しいビジネスパーソンには好都合です。一人でサッとランチをすませたい人がマクドナルドに行けば、スピーディに効率よく、期待どおりのサービスを受けられます。

私たちの頭の中にあるこうしたイメージは、**「ブランドパーソナリティ」**と呼ばれます。会社の製品やサービスが持つ「人格」のようなものです。

ブランドパーソナリティが明確であれば、ユーザーはブランドパーソナリティをもとに、自分がほしい製品やサービスを選ぶことができます。ユーザーの期待と提供される価値が合致していると、ユーザーの心理的安全性が保たれます。

これは職場の人間関係についても言えます。「あの人はこんな人だ」「こういう考え方をする人だ」という輪郭が明確な人ほど、どう接すればいいか予測がつくので、周りの人は「付き合いやすい」と感じるでしょう。

自分は周りの利害関係者（上司、部下、顧客、家族、友人）にどんな印象を与えているのか、どんな価値を提供しているのか、それらは相手の期待に沿ったものであるのか。まずは自分の「ブランドパーソナリティ」を意識してみましょう。

## 自己認識できていると、仕事が楽しくなり、成果も出せる

ブランドパーソナリティを形づくる土台となるのが、自己認識です。

自分は何が好きで、何が嫌いなのか。何が得意で、何が苦手なのか。これらを自分で把握していれば、自分の好きなことや得意なことで相手に価値を提供しやすくなります。自分の好きや得意で勝負できるということです。

その結果、相手から感謝され、承認されると、仕事が楽しくなり、「自分には価値がある」という感覚も育まれ、自己肯定感が高まります。**自分が最も力を発揮できることにさらに集中していけば、感謝と承認の好循環が生まれ、心理的安全性が高まります**。

逆に、自分の不得意なことで価値を提供しようとしても、成果が出にくいので、自分がつらくなってしまいます。

もし、自分の力を発揮したつもりなのに、周りの人に迷惑をかけたり、相手に不利益を招いたりしたなら、自己認識の不足が原因と思ったほうがいいでしょう。あなたが周りの人に貢献できることは他にあるかもしれません。

お互いの関係が建設的な方向に向かうように、自分の得意分野や提供できる価値と、相手の期待や望みを整理してみることをおすすめします。

## 好きこそものの上手なれ
## 仕事をうまくやるためにも自分の「好き」を知っておく

# 3-2 自分の価値観、信念、期待感を言語化する

## あなたが大事にしているものの正体

マネジャーには自己認識が必要だと言われても、漠然としすぎていて、自分の何を認識すればいいのかわからない人もいるでしょう。そういう方はまず、自分が大事にしている価値観、信念、期待感を理解してみてはいかがでしょうか。

普段の生活でこれらのことを考える機会はあまりないかもしれませんが、これらをきちんと言語化しておくことは、周りの人と相互理解を深めながら、自分が自分らしく生きるために大切なことです。

たとえば、「自由であること」。これは僕が大事にしている価値観です。そして、「民

主主義が正しい」という信念。信念とは、「正しいと信じる考え」のことです。

「自由」を大事にする人にとって、現在ウクライナで起きていることは、民主主義vs.非民主主義の戦いと捉えることもできます。もっと身近なところでは、「自由」を大事にする人は、「ホロクラシー型組織」が正しいと信じているかもしれません。上司も部下もなくフラットな組織をホロクラシーと呼びますが、「会社組織はフラットであるべき」「物事はみんなで決めるべき」というのは、その人の価値観が反映された「信念」です。

価値観と信念が明確になったら、次は「自分はどうしたいのか」の「期待感」に着目してみます。たとえば、「自由」が好きな人は、自分も「自由でいたい」のです。自由に仕事を選びたい、自由な働き方をしたい、好きなところに住みたい、自由に生きたい……。こんな期待感があることに気づくでしょう。

**自分の価値観や信念、期待感が明確であれば、周囲にそれを伝えることでマネジャーもメンバーも心理的安全性を高めることができます**。人生における選択や決断においても、それほど迷わずにほしいものに手を伸ばすことができるのです。

## 仕事や会社選びの羅針盤になる

自分に合った会社を見つけるうえでも、「価値観・信念・期待感」の３点セットは重要です。

会社にも「大切にしていること」があります。それらは会社の理念や存在意義、パーパス、ミッションなどに表現されています。個人の「価値観・信念・期待感」と、会社の「理念・存在意義・パーパス」が合致していればいるほど、そこで働く人は心理的安全性を感じることができます。反対に、双方の違いが大きければ大きいほど、そこで働く人は心理的安全性を感じることが難しくなるでしょう。

また、「構造を明確にすることが大事」だと前の章で話をしましたが、**会社のパーパスや理念など、構造が明確でないと、そこで働く人の心理的安全性が保たれない**のも、これと同じ理由です。

Ｇｏｏｇｌｅを例に考えてみます。Ｇｏｏｇｌｅは、優れた知的財産を生み出すために、優れた人材を全世界で採用しています。そのため、Ｇｏｏｇｌｅには選りすぐりの人材が集まっていて、博士課程を修了した人の数がＮＡＳＡ（アメリカ航空宇宙局）よりも多いのです。

それだけではありません。この会社は、従業員の自由を保証することで、イノベーションを起こそうとしています。自由な働き方こそが、従業員の主体性を引き出し、よりよい結果につながると信じているからです。

そのために必要な制度として、ボトムアップの人事制度があり、目標設定や、後述するＯＫＲなどがあります。オフィス内に仮眠室やゲームルームがあるのも、従業員の自由な働き方をサポートするためです。

この会社で生き生きと働けそうなのはどんな人かといえば、「自由に働きたい人」「挑戦したい人」でしょうね。自由や挑戦を好む人は、Ｇｏｏｇｌｅで自分らしい働き方を見つけやすく、心理的安全性も感じやすいと言えると思います。逆に、この価値観に合わなければ、どれだけ優秀な人であっても、Ｇｏｏｇｌｅでは自分らしく力を発揮することが難しいでしょう。

**「自分を知る」ことは、「自分らしく生きる」ための羅針盤を手に入れることです**。価値観や信念、期待感も含めて自己認識を深めておくことで、自分に合った仕事や職場を選べるのはもちろん、価値観を共有できる仲間と出会うことで、自分が心地よく感じる人間関係を構築することができるのです。

また、「自分は何者で、何を大事にしているのか」を周りにも説明できるように言語化しておくことは、心理的安全性に不可欠な対話のベースになるものです。対話の実践については、この後の「実践編」で詳しく取り上げます。

## 自分の価値観や信念、期待感の棚卸しは、キャリアプランを考えるうえでも重要

# 3-3 組織のトップこそ、ブレない軸を持つ

## 変化の激しい時代には軸が不可欠

変化の激しい先行き不透明な時代において、組織のかじ取りを担う経営者や意思決定者には大きなプレッシャーがのしかかっています。プレッシャーが大きければ大きいほど、経営者に求められるのは「自分の軸をしっかり持つ」ことだと思います。

自分の軸とはつまり、自分の価値観や信念、期待感が何であるか、大切にしていることは何か、言い換えれば「自分とは何者か」ということです。「自分が何者なのか」「自分はどうしたいのか」が明確であれば、先が見通せない状況でも自分らしい決断がしやすくなります。

軸は、「こだわり」と言い換えてもいいかもしれません。

事実、優秀な経営者は、たくさんのこだわりを持っています。たとえば、「打ち合わせは何分以内」「意思決定の際にポイントとなるのはこれ」といったこだわりがあって、決して曲げません。自分が相手に合わせるよりも、相手が自分に合わせることを促します。こだわりがはっきりしているからできることであり、自分のやり方を貫くことで自分の仕事をやりやすくしているのです。

部下からすると、こんな経営者の下で働くのは面倒に思えるかもしれませんが、実は**経営者がブレない状態でいることが、かえって部下の仕事のしやすさにつながっています**。そして、部下の動きがスムーズになれば、自分も早い段階で適切な意思決定ができます。経営者自身がブレない軸を持つことで、自分も部下も心理的安全性を保ちながら仕事ができるというわけです。

## リカバリー手段を準備しておく

ただし、経営者といえども、いつもブレない状態でいられるわけではありません。体調や気分によっては、軸がブレることもあります。

そんなときのために、**自分の軸を整える方法を知っておくとよいでしょう**。たとえば、「散歩をすると気分が晴れる」「こんな食事が元気の素になる」「何時間の睡眠を取れば疲れが回復する」など、自分なりのリカバリー方法をリストアップしておくと、自分の軸がブレたときの助けになります。

また、どんな状態のときに自分の軸がブレやすいかも知っておくとよいでしょう。その状態を避けることで、自分の軸が整った状態を維持しやすくなります。

## 自分の軸と、軸のズレを修正する方法を知っておくとマネジャーは強くなれる

# 3-4 自分のことはプチ体験が教えてくれる

## 食わず嫌いせずにいろいろ試す

自分のことを知るには、いろんな体験をしてみるのが一番です。

子どもの頃に習い事をしたことのある人は、こんな体験がありませんでしたか。親に言われてピアノを習ったら、苦痛だった。自分はどちらかといえば、ピアノではなく、絵を描いている時間のほうが好きだったなぁ。

いろんなことに挑戦してみると、そのときワクワクしたのか、苦痛だったのか、自分の体がどう反応したかによって、自分の好き嫌いや興味関心、得意不得意といった自分の傾向がおのずと明らかになっていきます。

反対に、世間一般に言われていることや、周りの人の意見や考えを鵜呑みにしていると、本当の自分にはなかなか気づくことができません。

たとえば、周りに言われるまま公認会計士の資格を取った人がいたとします。「公認会計士は世間体もいいし、手堅い仕事だからいいんじゃない？」という誰かの意見を採用して、頑張って公認会計士の試験に合格しました。ところが、実際に公認会計士の仕事に就いてみると、なんとなくモヤモヤを感じて、幸せを感じられません。自分でもなぜ幸せを感じられないのか理解できないし、友達に相談しても、「公認会計士は給料も高いから、幸せでしょ。贅沢な悩みだよ」と言われてしまいます。

この人がもし、自分の好き嫌いの感覚に素直に従って、自分の意思でいろんな体験をしていたら、違った道がひらけていたかもしれません。体験といっても、「ちょっと試してみる」くらいのプチ体験で構わないのです。幅広い経験を通して、たとえば「自分は子どもと接することが好きなんだ」と気づいていれば、教師という仕事にも可能性が広がっていたでしょう。**自分の感覚に耳を澄まし、素直に従ってみることで、自分らしさを生かす道がひらけてきます**。

「そもそも論」のように聞こえるかもしれませんが、ここは大事なポイントです。自分が本当はやりたくない、適性がない仕事の職場で心理的安全性を高めることは難しいのです。成果が出なければ心理的安全性は下がるし、仮にそういう環境下で成果を出せたとしても、それは相当無理をした結果なので、やはり自分らしく働いているとは言えません。

## 自分らしさを発揮できれば最高の自分になれる

僕の場合は、細かな数字の扱いにストレスを感じます。決して数字に弱いわけではありませんが、毎日スプレッドシートを見て、数字を確認する仕事ばかりだと、僕は自分らしさを発揮できずに、心理的安全性が下がると思います。だから公認会計士にはなりませんでした（負け惜しみではありません！）。

体験による実証実験を繰り返すことが、唯一、自分を知るための確実な方法ではないかと僕は思います。**体験を通して自分のスペックを見極めるとともに、そのスペックを最適な場で、最適な形で生かす道を見出していく**。これが「自分を知る」ことの本来の意味です。

「自分はこれがやりたい」「これなら自分で結果が出せる」ということがわかって、それを人生や仕事を通じて表現できれば、心理的安全性が保たれるだけでなく、「最高の自分」になれます。自分のやるべきことや、なぜそれをやるべきかがわかっていて、それを通して周りの人が望む価値を提供できたとき、人は幸せを感じることができると僕は思います。

## 食わず嫌いをせずに、いろいろ試して「自分らしさ」を開拓しよう

# 3-5 価値観にとらわれすぎず状況に応じて行動を選ぶ

## 自分の可能性を閉じてはいけない

自分の価値観や信念、期待感は、人生の羅針盤となる重要な要素です。これを言語化し認識することが、マネジャー本人にとってもメンバーにとっても心理的安全性を高めるうえで不可欠です。でも、かといって、それらに縛られてしまっては本末転倒です。

たとえば、「自由であること」に価値を置く人が、「私は自由でいたいから、一生誰とも結婚しません。友達もつくりません」と言ったら、どうでしょうか。「自由」という価値観にこだわるあまり人生の選択肢を狭めることになり、自分自身の心理的安全性をないがしろにしてしまいかねません。

自由を切望しながらも、自由でありすぎると、人は寂しさを感じます。一人では生きていけない私たちは、誰かと一緒にいたいから、家族をつくります。社会的な承認を得たいから、仲間や友達をつくって、承認を求め合います。「自由であること」と「人とつながること」は、相容れない部分があるのも事実です。どこまで「自分の自由」を大切にして、どこまで「人とのつながり」のために譲歩するのかは、状況によって自分で選択しなければなりません。どちらかを犠牲にしなければならないときもあります。

また、**個人の価値観は尊重されるべきものですが、誰かの価値観を踏みにじっていいことにはなりません**。

たとえば、自由を謳歌したい人が、家族や恋人、友人に対して支配的にふるまい、相手の自由を奪っていることがあります。「自分の自由は大事」だけれども、「相手の自由はどうでもいい」と言っていることになり、矛盾が生じています。自分と相手、双方の心理的安全性を考えるなら、「自分の自由を大事にするのと同じように、相手の自由も大事にする」ことへ価値観を微調整する必要があります。

## 原理主義に陥らない

価値観は絶対的なものではなく、自分を知り、世界と接するためのレンズにすぎません。自分の置かれた環境や状況が変われば、自分が大切にする価値観が変わるのは自然なことです。その時々で自分や周りの人たちの心理的安全性を確保するために必要なレンズを付け替えればいい。そう理解したほうが建設的です。

ひとつの教えを絶対視し、それに反する考えを認めないことを「原理主義」と表現することがあります。**自分の価値観を知ることは大事ですが、そこに閉じこめられてしまうようであれば、自分らしく働くことはできても、自分の可能性を狭めることになります。**

自分の価値観を軸として持ちながらも、状況や関係性に応じて適切な行動を自分で選び取りながら、自分らしく生きていこうではありませんか。

**自分を理解して認識することは大事だが、**
**それにとらわれる必要はない**

自己認識ができたら、次は自己開示です。マネジャーが何を考えているかわからなければ、メンバーは不安になったり忖度したり、心理的安全性が確保できません。自分もメンバーものびのびと働くためには、マネジャーが自分の取扱説明書を渡すのが効果的です。そのヒントをご紹介しましょう。

# 第4章

# 心理的安全性を高めるマネジャーの「自己開示」

# 4-1 職場ではマネジャーが率先して自己開示する

## なぜメンバーからはマネジャーに話しかけづらいのか

自己認識ができたら、次は自己開示です。対話を通して自分の考えや価値観、目指すところをチームメンバーに伝え、信頼関係を構築していきます。職場の心理的安全性を高めるためには、マネジャーだけでなく、メンバーがお互いに自己開示することが必要ですが、まずはマネジャーが率先して行いましょう。

「メンバーのことを理解したいのであって、私のことを理解してもらいたいわけじゃない」

「なぜ自分から自己開示しなきゃいけないんだ！」

本書を手に取った読者の方で、そう考える人はいないと思いますが、自分からメンバーに歩み寄ることをためらったり、モヤモヤを感じたりする人はいるかもしれません。でも**職場の心理的安全性をつくるには、マネジャーから自己開示するのが鉄則です**。

それはなぜでしょうか。

職場でのポジションが上がり、人事や評価において力を持つ立場になると、周りから話しかけられる機会が減るという経験は珍しくないと思います。メンバーからすれば、まだ心理的安全性のない状態で、権威ある立場の人に自分から話しかけたり、意見したりするのは気が引けるものです。

相手がどんな考えや価値観を持った人なのかわからない状態では、「自分の発言が相手の気分を害したらどうしよう」「嫌われて評価が下がったらどうしよう」と不安になります。そうした恐れがある関係性では、メンバーは言いたいことも言えなくなってしまいます。

つまり、メンバーからの自己開示は、よほど親しい間柄か、「何を話しても大丈夫」という信頼関係がすでに構築されている場合においてのみ可能なのです。そうでなければ、とてもリスクのある行為に感じられてしまいます。

だったら、マネジャーから率先して自己開示するのがいいですよね。これにはどなたも同意していただけると思います。

## 自分から心を開けば、相手も心を開く

自己開示といっても、難しく構える必要はありません。ほんの少し、自分から心を開いて、相手に歩み寄ればいいだけの話です。

たとえば、会社員生活に戸惑っている新入社員に、僕ならこんな言葉をかけます。

「あなたは新卒でこの会社に入って、今が大変なときですね。僕にもそういう時期がありました。十数年前にこの会社に入って、最初は仕事のやり方がよくわからずに失敗も多かったし、周りには迷惑をかけっぱなしで、最初の数カ月はとにかくつらかったですね。ただ、その時期を乗り越えれば、いろんなことができるようになるし、いろんな現場にも行くことができるので、仕事が楽しくなっていきました」

「つらいのは自分だけではない」と知って、新入社員はほっとするでしょう。「仕事が楽しくなるまで頑張って続けてみよう」と勇気が出るかもしれません。

あるいは、**マネジャー自らが素直に弱みを見せることで、相手との距離が近づくこともあります**。

「我々はこの難しいプロジェクトに邁進してきて、毎日ワクワクしながら過ごしています。ですが、先週明らかになった私のミスによって、プロジェクトに少なからずマイナスの影響がありました。リーダーの自分が皆さんの足を引っ張ってしまい、本当に申し訳ないし、情けない気持ちでいっぱいです」

情けない、悔しい、申し訳ない――。自分の気持ちを開示して相手がどんな反応をするのか、怖さもあるかもしれません。しかし、「情けない気持ちです」と気持ちを正直に打ち明けたリーダーに対して、親しみを感じるメンバーはいても、「そうだよ、あなたは情けなくてダメなリーダーですよ」と傷口に塩を塗るようなメンバーはまずいないと思います。

自分が心を開けば、相手も心を開きます。心理的安全性のベースとなる信頼関係の構築は、マネジャーのほんの少しの歩み寄りから始まります。

## 自分は話しかけづらい存在であることを、マネジャーは常に自覚する

# 4-2 自分の取扱説明書をメンバーに渡す

## 自分の好みや感じ方、考え方を伝えればいい

自己開示で何を話せばいいのか戸惑う人もいるかもしれません。

基本的には何を話してもいいのですが、あまりマニアックな自分の趣味の話だけをしていても、あなたの一側面しか伝わらず、チーム内の信頼関係や心理的安全性の向上、ひいては組織で成果をあげることには寄与しないかもしれません。

それよりも、自己認識で言語化したような内容を、つまり価値観や信念、期待感を中心に、「自分はこれが好き」「これが嫌い」「これを大切にしている」「これが正しいと信じている」「こういう働き方をしたい」といったことを開示していきます。**自分の好み**

**や感じ方、考え方を周りに伝えておくだけで、メンバーは仕事がしやすくなり、職場の心理的安全性は高まります**。

あなたも行きつけの店やレストランでは普通にやっていることかもしれませんね。自分の好きな料理やドリンクをお店の人に伝えておけば、次にお店に行ったときに、

「○○様はお刺身が好きでしたよね。今日はこういう刺身がありますよ」

という会話になって、物事がスムーズに進みます。

ところが、自分の好みを伝えていないレストランでは、

「○○様、今日のスペシャルはこれです。おすすめですよ」

「ちょっと待って。この食材、僕は好きじゃないんです」

あるいは、

「今日はこのお酒を特別に用意しました」

「いや、ちょっと待って。僕はお酒が飲めません」

会話がちぐはぐになって、食事を楽しみたい気持ちも醒めてしまいます。

僕は、同じ店に2回以上通う場合には、給仕してくれた人を名前で呼ぶようにしています。できるだけ親しくなって、その人がどういう人で、この店で何をしていて、何を楽しんでいるのかを知りたいと思っています。また、その人にも僕の名前はもちろん、

僕がどんな料理を好きで、何を楽しみにしているかを知ってもらうようにしています。

僕の好みを理解してくれていれば、次にお店を訪れたときに、

「ピョーさん、こんにちは！　今日はこういう美味しい肉がありますよ」

と僕の好みに合った料理をおすすめしてくれるので、楽ですし、気持ちがいいんです。

## 職場ではミステリアスでなくていい

僕は、客と店員の関係に限らず、どんな人間関係でも自己開示は必要だと思っていますが、職業によっては、ミステリアスな部分を戦略的に残しておきたい場合もあるでしょう。たとえば、俳優やタレントなどの人気商売は、すべてが開けっぴろげになっているより、知らないからこそ想像や興味がかき立てられるし、魅力的に感じるものです。また、パパラッチが芸能人の恋愛事情やスキャンダルを暴くことで、メディアが儲かる仕組みがあることを考えると、芸能人がミステリアスであることにも意味があるのでしょう。

ただ、**一緒に仕事をする間柄では、自己開示しておくほうが物事はスムーズに進みます**。特に、上に立つマネジャーが自分の好みや仕事のやり方を周りに伝えておくと、メ

ンバーはとても助かります。

「マネジャーが好む仕事の進め方はこれだけど、こうするのは嫌がる」「これにはすごくこだわりを持っている」といったことが事前にわかっていれば、メンバーは「このやり方で問題ないだろうか」と気を揉んだり、「マネジャーがどんな判断をするかわからないから、いくつか別の選択肢も考えておいたほうがいいな」と忖度したりせずにすむので、心理的安全性が高まり、仕事の効率や生産性も上がるのは間違いありません。構造が明確だからです。

## 自己開示とは、自分の「トリセツ」を渡すこと

このように考えると、マネジャーの自己開示は、メンバーに自分の「取扱説明書」、すなわち「トリセツ」を渡すことにほかなりません。

逆に言えば、自己開示をしないマネジャーは、「俺のトリセツは絶対に渡さないぞ」と駄々をこねているようなものです。そのくせ、「うまくやれ。失敗するな」とメンバーに成果だけは求めるのです。上司のトリセツがわからないまま、上司の期待に応えなければならないメンバーの心理的安全性が、とんでもなく低いことは想像に難くあり

ません。

最近は、トリセツに頼らなくても簡単に取り扱える家電や道具が増えています。そしてマネジャーの取り扱いも、必ずしもトリセツがなくてもできるかもしれません。

ただしそれはメンバーがものすごく優秀であるか、メンバーが相当の気苦労と精神的負担、試行錯誤を重ねてマネジャーのトリセツを独自に完成させたからでしょう。メンバーが自身の心理的安全性を犠牲にして頑張ったであろうことは想像に難くありません。

**自分のトリセツをメンバーに渡すマネジャーが少ないのは、その必要性にそもそも気づいていないからです**。たとえば、「この資料を作って」とメンバーに指示するとき、「自分はこういうスタイルが好きだから、資料はこういうふうに作って」と期待する完成イメージとセットで伝えているマネジャーはどれくらいいるでしょうか。

期待する完成イメージの説明もなく、「言わなくてもわかるよね」「それくらい察してよ」と丸投げするのは、厳しい言葉かもしれませんが、マネジャー側の甘えだと僕は思います。

## マネジャーがメンバーにトリセツを渡しておくと、お互いにストレスなく仕事ができる

# 4-3 「弱み」や「失敗」も自己開示してうまく使う

## 弱みも見せていい。自己開示も「ツール」として使う

マネジャーだからといって、「仕事ができる格好いい自分でいなければならない」「弱みを見せてはいけない」とポーカーフェイスで頑張っていると疲れてしまいます。また、自分の失敗や悩みを開示すると、メンバーを不安にさせるかもしれないから、内緒にしておこうと考える必要もありません。

マネジャーだって、「これは苦手」「助けてほしい」といった弱音を吐いていいんです。

「プロジェクトが思うように進んでいないから、どうしたものかと困っています」

「あの案件は絶対にうちが取りたかったのに、逃してしまって悔しい」

「みんなの期待に応えられなくて、本当に申し訳なく思っています」

マネジャーが率直に気持ちを伝えているのに、それを馬鹿にしたり、文句を言ったりするメンバーはいないでしょう。それだけ仕事に真摯に取り組んでいるんだと思ってくれるはずです。

そしてむしろ、弱みを見せるマネジャーに親近感を覚えて、「私たちに何かできることはありませんか？」「私たちも悔しいです。次は絶対に取りましょう」とチームが一丸となるきっかけになるでしょう。また、「マネジャーが苦戦している」「困っている」と知れば、メンバーが手を貸すこともできます。

仕事ができる人ほど、「格好よくあらねばならない」という思い込みが強くて、自分の弱みを見せられない、弱音を吐けないことが多いようです。しかし、**真の成功者は、弱みも含めて自己開示できている人たちではないかと僕は思います**。

格好いいことばかり言っているマネジャーの下で働くほうが、メンバーが「自分もそうあらねば」と思い、弱みや失敗を公にできなくなる恐れがあります。そうすると、言いたいことが言えなくなる、心理的安全性がない状態に陥ることもあり得ます。

## すべてを明け渡すことが自己開示ではない

マネジャーは自分のすべてを開示すべし、と言いたいのではありません。

たとえばプライベートに関する事柄は、職場でオープンに話すのが適切でないものがあります。病気や性的なことなど人に知られたくないことは、自分自身の心理的安全性のためにも話す必要はありません。また、相手が受け入れにくい内容や、相手を驚かせるような事柄は、相手の心理的安全性を損ねる可能性があるため、カミングアウトしないほうが賢明です。

時々、相手にとって必要な情報か否かを吟味せず、何でも明かしてしまう人がいますが、**相手に不要な情報までオープンにするのが自己開示ではありません**。

相手にとって不要な情報とは、たとえば次のようなことです。

課長である自分が、上司である部長との折り合いが悪くて悩んでいるとします。そのことを自分の部下に話す必要はあるでしょうか。

僕はないと思います。部下がこの話を耳にしたら、直接のレポートラインで起きていることが、自分にも何らかの影響を与えるのではないかと不安に感じるはずです。「課長と部長の仲が悪いということは、課長を中心に進めているあの案件に予算が下りにくいのではないか」「課長に目をかけてもらっている自分の評価もマイナスに響くのではないか」

メンバーに懸念を抱かせるような情報は、明かすべきではありません。どうしても誰かに話したいのなら、課長職の同僚をご飯に誘って、愚痴を聞いてもらえばいいでしょう。

マネジャーにとっては、自己開示も職場の心理的安全性を高めるためのツールです。そして、なぜ心理的安全性を高めたいのかといえば、チームで成果をあげるためです。お互いのことがよく理解でき、信頼構築につながる自己開示はどのようなものかを考え、そのための自己開示ならどんどんしていきましょう。

## 自分のトリセツには「好きなこと」「できること」だけでなく「嫌いなこと」「苦手なこと」も書いておく

# 4-4 意思決定や問題解決の場面こそ自己開示のチャンス

## 職場には自己開示する機会がたくさんある

普段の仕事では、自分の価値観をメンバーに伝える機会がなかなかない――。

そんなふうに感じている人も多いかもしれません。本書の担当編集者の齋藤宏軌さんも、「仕事終わりの飲みの席でも『どこの出身ですか?』とか、『この部署に配属されて何年ですか?』といった話はしても、自分の価値観をオープンにする機会はないですね。職場ではなおさらです」と話していました。

自分の価値観を話す機会がない。僕にはそれがすごく不思議に聞こえます。

職場で一緒に働く相手であれば、1日8時間近く同じオフィスにいて、その間には休憩があり、打ち合わせもあります。**マネジャーさえその気になれば、1日に何度も自己開示する機会があります**。

もっとも、コーヒー片手に談笑中に、急に「さあ、今から僕の価値観を伝えるから、ちょっと聞いてね」と言っても、メンバーは「何が始まるんだ？」と困惑するでしょう。

## 自然な流れで自己開示する一例

マネジャーとして日々仕事をしていれば、物事を判断して意思決定したり、問題を解決したりする場面もあるはずです。それらの場面こそ、価値観を伝えるには絶好の機会です。

たとえば会議を始める前に、僕ならメンバーとこんな対話をします。

**ピョートル**「Aさんはどういう会議が好きですか？　僕は、会議の効率や生産性も重視していますが、話し合いで決まったことが成果につながるかどうかを一番大切にしているんですね。ですから、もしかすると議論がテーマから逸れたり、会議の時間が押してしまったりするかもしれませんが、本質的な問題解決ができるなら、僕はそちらを大切にしたいと思っています。Aさんはどのように考えますか？」

**Aさん**

「私は、一つひとつのアジェンダをテキパキとこなしていくやり方が好きだったんですが、考えてみれば、会議で決めたことが具現化されないことがありました。ピョーさんの言うとおり、本質的な問題解決になっていなかったのかもしれません。とても勉強になりました」

判断や意思決定には、その人の価値観が色濃く反映されます。なぜそのような判断や意思決定をしたのか、その背景にはマネジャーの思いや考えがあるはずです。

マネジャーが判断や意思決定をするにあたって大切にしていることは何なのか、またそれはなぜなのか。結局のところ、マネジャーがメンバーに伝えておきたい自分のトリセツはこの2つです。すなわち、**「自分が大切にしている価値観」と「その理由」**です。

価値観レベルでの理解が進めば、メンバーはあなたの言動をある程度予測できるので、先回りして動くなどして、あなたの期待に応えやすくなります。忖度や余計な気遣いなく仕事が進められる状態は、職場の心理的安全性に確実に寄与するでしょう。

## 価値観レベルで自己開示すれば、メンバーはマネジャーの期待に応えやすくなる

# 4-5 ライフジャーニーで自分のことを知ってもらう

## これまでの自分の半生を語る

自己開示のひとつの方法として、僕が推奨する「ライフジャーニー」を紹介します。

ライフジャーニーは、これまでどんな人生を歩んできたのかをメンバー同士でシェアし、お互いを理解するために行います。マネジャー自身の自己開示のみならず、マネジャーがメンバーのことを知り、さらにはメンバー同士の相互理解を進めるためのツールとしても活用できます。

やり方は簡単です。

大きな紙を用意します。自分が歩んできた人生を振り返り、人生の転機や印象に残っている出来事を絵で表現します。たとえば、「農家の大家族で生まれ育った。みんなで田んぼの手伝いをした」という幼年期を表現するのに、田んぼの風景を描いたりします。

完成したライフジャーニーをもとに、各自が5分程度で発表します。

伝えるポイントは次の3つです。それぞれの**人生の転機で、①どんな行動をしたのか、②その意図は何か、③どんな感情を味わったのか**。

人の行動パターンや価値観は、人生の転機で起きた出来事に大きく影響を受けています。先の3つのポイントから自分のこれまでの人生を語ることで、「自分が普段の仕事の場面でなぜそのような行動を取るのか」「なぜそう考えるのか」を、周りの人に知ってもらうことができるのです。たとえば、

「私が今の仕事をしているのは、子どもの頃にいじめられた経験があったからです。そのとき私に寄り添ってくれた友達がいたから、つらい時期を乗り越えることができました。この経験を通して、人の心に寄り添う仕事がしたいと考えるようになりました」

人生の転機で感じたことや行動したことを通して、自分という人間や自分の価値観をメンバーに知ってもらうことができます。

## 節目節目のイベントでやると効果的

実施するタイミングは、新規プロジェクトの発足時や、新しいマネジャーの着任時、新規メンバーの加入時など、「これから一緒に仕事をするうえで、お互いのことを知っておきたい」「新メンバーとの仕事を前に、心理的安全性を少しでも確保しておきたい」というニーズがあるときが適しています。したがって**日常的に行うよりも、時間を確保してイベント的に実施するのが効果的です**。

誤解してほしくないのは、自己紹介の代わりに毎回ライフジャーニーをやる必要はないということです。初対面の相手に名前と部署名を伝えれば十分な場面で、「私はここで生まれて、この学校に進学し……」と話し始めると、相手を困惑させて逆効果です。

その場での効率と生産性を考慮して、どの程度の自己紹介がふさわしいのか、どの程度の自己開示が求められているかは、その都度判断していく必要があります。

## 人生の転機でどんな決断をしたか、そこにその人の価値観が表れる

マネジャーは、自分のことを理解してもらうだけでなく、メンバーから話を聞き、彼ら彼女らのことを理解する必要があります。でも、何を理解すればいいのか、どう聞けばいいのかわからないという人もいるでしょう。話し下手でも大丈夫。心理的安全性を高めるために、相手のことを理解するコツを解説します。

# 第5章

# 「相手を知る」「理解する」マネジャーの心構え

# 5-1 メンバーの取扱説明書を手に入れる

## 相手が大切にしている価値観や判断基準を理解する

チームや職場の心理的安全性を高めるためには、互いに信頼し、率直に言いたいことを言い合える環境が必要です。そのためには、お互いにどんな人間であるのか、どんな価値観を大事にしているのか、相互に理解しておくことが求められます。

そのために、まずマネジャーが率先して自己開示しましょう、という話をしました。

ここからは、マネジャーがメンバーのことを知り、理解するためのコツをお話しします。

**あのマネジャーはいつも自分のことを見てくれている。気にかけてくれている。相手にそのように感じてもらえたら、相手も少しずつ心を開いて、自分のことを話してくれ**

**るようになるでしょう**。

では、相手のことを知るために、マネジャーが聞いておきたいことは何でしょうか。第4章では、マネジャーが自己開示でメンバーに伝えておきたいことを説明しましたが、メンバーから聞いておきたいことも、それらと重なる部分が多くあります。

たとえば、メンバーが大切にしている価値観や判断基準、理想の働き方、将来の夢、何が好きで何が嫌いなのか、といったことです。つまり、価値観レベルで相手のことを知ることによって、メンバーがその人らしく、自分の力を最大限に発揮して働けるための「トリセツ」を手に入れたいのです。

メンバーのトリセツがあれば、「そっか、あなたはその仕事の進め方が好きなんだね。じゃあ、進め方はあなたに任せるよ」とメンバーが自分らしく力を発揮しやすい形でサポートできるし、少し進捗がゆっくりでも「彼（彼女）はじっくりと腰を据えてやるタイプだから、今は余計なことを言わずに任せよう」と判断できるので、結果として職場の心理的安全性は高まっていきます。

## 相手のことを理解するための質問例

相手が大切にしている価値観や判断基準、理想の働き方、将来の夢、好きなことや強みなど、「相手のトリセツ」を手に入れるための質問例をご紹介しましょう。

・あなたは仕事を通じて何を得たいですか？
・それはなぜ必要ですか？
・何をもっていい仕事をしたと言えますか？
・なぜ今の仕事を選んだのですか？
・去年と今年の仕事はどんなふうにつながっていますか？
・あなたの一番の強みは何ですか？
・今どんなサポートが必要ですか？
・これまでの人生で一番感謝していることは何ですか？
・人生の中で大事な瞬間は？
・今の自分をつくった出来事は？

これらの質問はまた、過去の経験や感情を振り返り、自分に問いかけることで、本人の自己認識を促す質問としても活用できます。

マネジャーとメンバーが価値観レベルで相互理解を深めることが、信頼関係の構築には重要です。お互いに考え方や意見は異なっても、信頼関係があれば、職場の心理的安全性は確保されるのです。

## メンバーの価値観や判断基準がわかれば<br>マネジャーも的確な指示が出せる

# 5-2 メンバーのことは仕事以外のプライベートも含めて知る

## 言動の背景を理解する

自己開示のところでも述べましたが、職場の心理的安全性を高める目的は、仕事の成果をあげることです。だから、仕事とは関係ないこと、たとえば「昨日、何食べましたか?」とかプライベートなことまで聞く必要はありません。

しかし**相手によっては、プライベートな部分も多少は聞いておくとよい場合があります**。たとえば小さい子どもを持つ人や病気の家族がいる人など、家庭の事情が働き方にも影響してくるような場合は、マネジャーも事情を知っておくことで仕事上での誤解やすれ違いを防ぐことができるかもしれません。

たとえば、幼い子どもを持つ人が、「子どものお迎えがあるから5時には会社を出たい」「家族と一緒の時間を過ごしたいから早く帰りたい」といった事情から、「仕事では効率を最優先して、きっちり定時で帰りたい」と考えているとします。

一方、僕はというと、仕事の効率は大事だけれど、効果も重要視しています。ユニークで面白いアイデアのためなら、時間を忘れてブレーンストーミングに夢中になって、「気づいたらもう終電」ということもよくあります。

メンバーの家庭の事情を知らなければ、じっくりブレーンストーミングしたい僕と、さっさと切り上げて帰りたいメンバーの間に不穏な空気が流れ、心理的安全性は下がるでしょう。でも、相手の事情を知っていれば、打ち合わせ時間を午前中に設定して、メンバーが定時で帰れるようにスケジュール調整することができます。それぞれの事情を考慮したうえで、協働によるシナジーを追い求めることができれば、心理的安全性も高まります。

また、感情的になった相手と衝突しそうになった場合でも、その背景にある事情を把握していれば、心理的安全性を確保しながら適切な対応ができます。もしかしたら、健康のことで不安があるのかもしれないし、恋人とうまくいかなくて悩んでいるのかもしれません。

その人の表面的な言動だけを見て、「あいつはやる気がない。けしからん」と腹を立てるのではなく、その人の言動の裏にある背景を知ることで、お互いの信頼と尊敬を損なうことなく適切なサポートができるのです。

## 慈悲的差別にご用心

ただし、このとき気をつけたいのは、相手には事情があるからといって、「だからこうに違いない」と勝手に決めつけてしまわないことです。

たとえば幼い子どもを持つ母親でも、「子どものお迎えがあるから早く帰りたい」という人もいれば、「お迎えは家族に頼んであるから、残って仕事を片付けたい」という人もいるでしょう。同じ人でも日によって事情が異なるかもしれません。

相手の事情を確認せずに、「あなたには小さいお子さんがいるから、早く帰って」と決めつけてしまうと、相手によっては「子どもがいる人に大事な仕事は任せられない」というネガティブなメッセージとして伝わってしまうことがあります。

**相手へ配慮したつもりが、かえって相手を傷つけてしまうことを、慈悲的差別と呼びます**。忖度しすぎて慈悲的差別にならないよう、先入観をできるだけ持たずに相手の事情を把握することが大切です。

## なんでも根掘り葉掘り聞くのもＮＧ

僕は、仕事とプライベートを完全に分けることはできないと思っています。相手がどんな人で、どんな考えの持ち主なのかを理解するには、仕事とプライベートの間のグレーゾーンにも踏み込んでその人を知る必要があると考えます。

だからといって、**プライベートな部分をすべてシェアする必要はありません**。これはマネジャーによる自己開示のところでもお伝えしたとおりです。

相手のことを知るのは、あくまで一緒に仕事をしていくうえでの「トリセツ」を手に入れるのが目的です。人に知られたくないことまで根掘り葉掘り聞くものではないし、相手に自己開示を強要してもいけません。

僕自身は、かなりオープンに自己開示しているように思われているかもしれませんが、すべて見せているわけではありません。開示したほうが職場での相互理解が進んで心理的安全性に寄与する情報もあれば、そうでない情報もあります。誰にでもその両方があるので、メンバーの話を聞く際はその辺の見極めも慎重であるべきだと思います。

## メンバーのプライベートを知るのは組織で仕事の成果をあげるため。興味本位で聞くべきではない

# 5-3 自分起点ではなくメンバー起点で話を聞く

## いきなり「調子はどう？」と聞くのはありがた迷惑

「信頼関係を築くために相手のことを知りましょう」と言うと「じゃあ、相手のことをヒアリングすればいいのね」とか、「『調子はどう？』と普段から声をかければいいのね」と早合点する人がいます。マネジャーからしたら、わざわざ時間を取って話を聞いたり、日常的に声をかけたりするのは、メンバーを気遣った行為であり、なんとなく「いいこと」をしているような感覚があるかもしれません。

でも、ちょっと待ってください。朝、顔を合わせて、いきなり「調子はどう？」とたずねられたら、相手はどう感じるでしょうか。

「どう、と言われても……」

これが率直な反応でしょう。

おそらくマネジャーのあなた自身も、かつて上司や先輩からいきなり「調子はどう？」と聞かれて戸惑った経験があるのではないでしょうか。

親しい間柄ならともかく、それほど心理的安全性が確保されていない状態でこの質問をされても、こちらの状況にお構いなく土足で踏み込まれて、まるで一方的に「報告しろ！」と強要されているように感じるものなのです。

## 自分起点ではなく「相手起点」で話を聞く

また、「今じゃない」こともあります。

たとえば、相手の様子が気になって、「ちょっと疲れているように見えるけど、大丈夫？　プライベートで何かあった？」と声をかけたら、イラッとされたとします。この場合は、もしかしたら相手は急ぎの仕事の真っ最中で、「今、忙しいのになんでそんな質問をするの？　ちょっと余裕がないから勘弁して！」という気持ちだったのかもしれません。

こうしたすれ違いは、「自分起点」で話をしようとしたときに起きます。相手の立場に立ち、相手の状況に思いを馳せながら、共感と思いやりを持って接すれば、「今は声をかけるタイミングじゃないな」と気づけるのではないでしょうか。

もちろん、気づかずに声をかけてしまうこともあります。それによって相手がイラッとした態度を示したり、素っ気ない返事しか返してこなかったりしても、相手が悪いわけではありません。**自分の気配りとタイミングに問題があったにすぎません**。

よくありがちなのが、「あなたを気遣って話をしようとしたのに、なんでそんなにイライラするの？」と相手を責めること。「自分はこんなに相手のことを考えているのに、相手はこっちの気持ちなど知ろうとしない」と腹を立てることもあります。恋愛関係や家族関係でのトラブルにありがちなパターンですね。

相手への聞き方ひとつで、その場の心理的安全性が高まることもあれば、低下することもあります。心理的安全性とは、繰り返しになりますが、「メンバーがネガティブなプレッシャーを受けずに自分らしくいられる状態」のことです。メンバーが自分らしくいられる状態を大切にするなら、相手が安心して自分のことを話せるタイミングを、自分起点ではなく、「相手起点」で探っていくしかないのです。

「マネジャーがメンバーのことを知って理解することは、チームの成果をあげるために重要だ。だから今聞かせろ」というスタンスは禁物です。

## 自分のタイミングで聞くのではなく、相手起点のタイミングで聞く

# 5-4 「あなたのことを見ていますよ」と態度で示す

## メンバーに興味を持つ

相手に自分のことを話してもらう前に、取るべきいくつかのステップがあります。

まずは自分から自己開示します。立場が上であるマネジャーからまずは心を開くことで、メンバーにも心を開いてもらいやすい状況をつくります。これはすでに述べたとおりです。

次のステップは、「私はあなたに興味を持っていますよ」「あなたのことを見ていますよ」ということを態度で示すことです。実はこれがとても大事です。なぜなら、人には承認欲求があるという話をしましたが、**「自分は気にかけてもらっている」「興味を持っ**

**てもらっている」「認められている」と感じることで、人は安心感を覚える**からです。

マネジャーは、まずメンバーに興味を持ってください。そして、そのことを態度や行動で示しましょう。「特に興味はないけれど、心理的安全性を高めるために部下に声をかけている」という気持ちでは、その本心を見透かされます。「どうせ私のことなんか興味がないのに、たまたま居合わせたから声をかけられた。何か返事をしなくては」とメンバーに思わせてしまっているのなら、そこに相互の心理的安全性はありません。

## 好奇心を持って集中すれば話すことに困らない

メンバーにどう話しかければいいのかわからない。そんな人にアドバイスがあります。**相手に好奇心を持って、相手に集中することです**。朝、職場に出勤してきた相手の様子をしっかりと観察しましょう。

そこでもし、相手の声に元気がないことに気づいたら、

「今日は少し元気がないようだね。どうしたの？　何かありましたか？　もし話したくなければ話さなくてもいいですよ。ちょっと気になったものだから」

と声をかけます。あるいは、逆に普段よりエネルギーが高いと感じたら、

「今日はなんだか元気ですね。何かいいことでもありましたか？」

と聞いてみてもいいでしょう。

いずれにしても、好奇心と集中でもって相手のことを観察し、それによって気づいた相手の状態や変化を相手に伝えて、確認するのがポイントです。相手のちょっとした変化にも気づくこと、そしてそれを相手に押し付けるのではなく、さり気なく伝えて確認することが大切です。

先ほどの「調子はどう？」に戻ると、唐突にこの質問をされた相手は「とりあえず聞いてみただけなんだろうな。自分のことを見てくれているわけでも、興味があるわけでもなさそうだ」と、こちらの意図しない真逆のメッセージを受け取るリスクがあります。

相手のことを聞く前に、「あなたのことを見ていますよ」「あなたのことに気づいていますよ」というこちらの態度を示すことを意識してみてください。相手の存在に興味を示し、相手の存在をそのまま受け止め認めることが、心理的安全性につながる安心感を相手にもたらすのです。

## 相手に興味を持って、集中する そうすれば話すタイミングや内容を間違えない

# 5-5 会社の外に連れ出すと会議室では聞けない話が聞ける

## 人間関係の構築に不向きな会議室

「メンバーとはプライベートな話はほとんどしない」というマネジャーもいると思います。自分からはプライベートなことには触れないし、メンバーから仕事の相談をされることはあっても、プライベートな話をされることはほとんどない。プライベートなことも話してもらえる存在にどうしたらなれるのか、ハードルが高いというわけです。

「さぁ、あなたのことを教えてください」と1on1をするのもいいのですが、会議室でいきなり「どこの生まれなの?」「子どもはいるの?」と聞くのはいかにも不自然です。「なぜそんなことを聞くのだろう」と相手を警戒させるだけなので、心理的安全性の観点からも逆効果です。下手をすればパワハラやセクハラと受け取られかねません。**そもそも会議室は人間関係の構築には向いていない場所です**。それもそのはず、会議室にはテーブルがあり、プロジェクターがあり、モニターがあります。会議室は会議をする場所であり、話し合いにより意思決定を行う場です。家族やプライベートの話をするための文脈があるわけではありません。これはオフィス全般について言えることです。

## 相手が話しやすい状況をつくりだす

では、プライベートの話も含めてざっくばらんに話してもらうには、どうすればいいのでしょうか。僕ならこんなふうに話を向けます。

たとえば、コンビニへ買い物に一緒に行くときなどは、チャンスです。

「この辺は緑が多くて落ち着きますね。僕の生まれ育ったポーランドの村に似ています。ちなみに、あなたはどんなところで生まれて、育ったの？」

「このお菓子、子どもが大好きですよね。僕も自分の子どもにはよく買ってあげるんです。ところで、あなた、お子さんは？」

**外に連れ出すと、仕事モードから離れて、気分が変わります**。コンビニやスーパーには生活感も漂うので、家族の話など会議室では聞けない話もしやすくなります。プライベートの話は会議室でかしこまって質問するよりも、相手が自然な状態で安心して話せる状況をつくるのがポイントです。

「コーヒーが飲みたくなったから、誰か一緒に買いに行きませんか？」とマネジャーから誘ってみるのも手です。メンバーにお金を渡して買い出しを頼むマネジャーよりも、コンビニにも一緒に行くし、何ならゴミも一緒に捨てに行くようなフットワークの軽いマネジャーのほうが、メンバーといろんな話をするチャンスをつくれそうです。

あるいは、外でのランチや公園での休憩時間を共にするのはどうでしょうか。どんな状況なら相手が心を開いて話してくれそうか、それを自分なりに設計するのもマネジャーの腕の見せ所です。

心理的安全性の土台となる良好な人間関係を構築するのに、オフィスや会議室だけでやろうとするとかなりの無理があります。ランチやコンビニへの買い出し、休憩室での雑談など、オフィスや会議室以外の場所も戦略的に活用してみることをおすすめします。

## 会議室やオフィスだけで人間関係を深めようとしても限界がある

# 5-6 小さな実験を繰り返して、相手に関する情報を得る

## 誰でも拒否されたり失敗したりする

ランチに誘って断られたら、誰だって多少はへこみます。人には「拒否されるのが怖い」という本能があるので、「断られて傷つくのが嫌だから、もうランチには誘えない」と怖気づく気持ちも理解できます。

僕だって、相手に話しかける状況やタイミングを間違えることがあります。ピョートルは心理的安全性の専門家だから、ピョートルの会話は100%素敵で失敗しないかというと、そんなことはありません。

でも、そういった恐れを抱いたまま相手と接しても、人間関係は悪化する一方です。

緊張した面持ちでメンバーに声をかけたりランチに誘ったりしたら、相手も身構えます。

## すべては「実験」と考える

こう考えてみてはどうでしょうか。「すべては実験である」と。

「一緒にランチに行かない？」

「すみません、今日は例のプレゼンの日なので緊張していて、あまり食べる気がしないんです」

こんな返事があったら、「そっか、この人は緊張すると食べ物がのどを通らないから、そっとしておくのがいいんだな」とわかります。それを情報として自分のデータベースに取り込んでおきます。

「チョコレートあるんだけど、食べる？」

「ありがとうございます。でも、今はダイエット中なので、甘いものは食べないようにしてるんです」

これも相手に関する情報です。「そっか、今はダイエット中だから、この人への差し入れは甘いお菓子じゃないほうがいいんだな」。**これらの情報を使って、次のアプロー**

**チを設計すれば、相手にとってより適切な選択ができるというわけです。**

どんな状況で、どんなタイミングでならアプローチしやすいかは、人それぞれです。「こうすれば相手は話してくれる」という正解があるわけではありません。すべては実験だと思って、いろんな方法を試してみましょう。試してみてはじめてわかることもあります。どんなシチュエーションなら相手が落ち着いて自己開示しやすいのかをいろいろ試してみて、それぞれの相手に合ったやり方を工夫していくことが大切です。

## 仕事と同様、メンバーとの関係構築にもトライ&エラーは欠かせない

# 5-7 アンコンシャスバイアスを自覚する

## 人はフィルター越しに世界を見ている

「人を知る／理解する」うえで、ひとつ注意点があります。もし、「自分はいつも客観的に物事を見ることができている」とあなたが思っているとしたら、それは大きな間違いです。

これまでの脳科学の研究で明らかなように、人は現実をそのまま見ているわけではありません。**五感のフィルターを通して世界を見ているし、過去の経験や見聞から知らず知らずのうちに形成された思考パターンのフィルターを通して世界と接しています**。そして多くの人は、自分がフィルター越しに世界を見ていることに無自覚です。

さて、あなたはどんなフィルターで世界を見ているでしょうか。

ここで、僕からこんな質問をしてみましょう。「宇宙は善か、悪か、どちらだと思いますか？」。この質問にどう答えるかによって、自分がどんなフィルターを通して世界を見ているかが垣間見えてきます。

「宇宙は悪だ」と答えた人は、ものの見方のベースに性悪説がありそうです。「きっと悪いことが起きるに違いない」「人を信じたら騙される」といった考えが支配的で、つねに緊張や警戒、恐れ、不安を感じやすいのではないでしょうか。一方、「宇宙は善だ」と答えた人には、それとはまったく違う景色が見えているでしょう。あるいは、「どちらでもない」と答えた人は、「善か悪かは人間が決めたものであり、宇宙に善悪はない」という考え方がベースにあると言えます。

## 代表的なアンコンシャスバイアス

人が持つ偏見や価値観の偏りのことを、「アンコンシャスバイアス」といいます。

そして、人の好みや価値観、判断や意思決定はこのアンコンシャスバイアスに大きく影響されています。つまり、「これは価値がある／価値がない」「納得できる／納得できない」「これはチームにとってプラスである／マイナスである」と判断する場合、どんなに客観的な視点を意識しても、自分のフィルターを通したものにならざるを得ないのです。

**アンコンシャスバイアスはなくせるものではありませんが、職場の心理的安全性に責任を持つマネジャーは、「自分の考えは偏っているのではないか」と疑う姿勢が大切です。**もし、偏った考えを持ったまま、それに気づかずにチーム運営をしていると、知らないうちにメンバーの気持ちを傷つけたりして、職場の心理的安全性をおびやかしかねません。

以下に代表的なアンコンシャスバイアスを紹介します。メンバーと接する際に、自分の見方や見解、言動や判断の偏りをチェックするための参考にしてみてください。

### 確証バイアス

自分が信じる考えを補強する情報ばかりを集めて、その考えをより強固にしていくことを指します。たとえば、「Aが優れている」という説に対して、それをサポートするデータばかりを集めるので、客観性に欠けます。

確証バイアスを避けるには、その説に関するプラス材料だけでなく、相反する情報にも意識的に触れて、幅広い観点から吟味して客観的に判断していくことが大切です。

**ナイーブ・リアリズム**

「自分は物事を客観的に考えている」と思い込んだ状態のことです。自分ではどんなに客観的に考えているつもりでも、自分のフィルター越しに世界を見ている限り、完全に客観的な視点などありえないのはすでに述べたとおりです。

生きていくためには自分で意思決定しなければならないので、たとえそれが自分のアンコンシャスバイアスにもとづいた意思決定であっても、僕は悪いとは思いません。ただ、それが相手を傷つけたり、相手に損害を与えたりするリスクがあることは、認識しておいたほうがよいでしょう。

**過剰自己評価**

「自分が正しい」「自分が一番えらい」「自分が答えを持っている」というバイアスのことです。自己への過剰評価の裏返しとして、「相手が間違っている」「相手は何もわかっていない」と考える傾向が強く、それが相手に対する攻撃やコントロールなどにつながっていきます。

職場でのハラスメント問題は、まさにこのバイアスが生み出しています。

**親和性バイアス**

年齢、性別、国籍、職業など属性が同じ人や、自分と似た境遇や価値観の人に対して親しみを感じる一方で、そうではない人とは距離を取ろうとするのが親和性バイアスです。

このバイアスがあると、たとえば男性同士で集まって物事を進めてしまい、女性には声をかけないといったことが起こります。これは日本のダイバーシティ推進を妨げる大きな問題となっています。

**楽観主義／悲観主義バイアス**

言葉からの連想どおり、楽観的すぎるのが楽観主義バイアス、悲観的すぎるのが悲観主義バイアスです。

楽観主義バイアスのマネジャーは、「とりあえずやってみよう。やってるうちに見えてくるから大丈夫だよ」と先頭を切って走り出しますが、うしろを振り返ると誰もついて来ていないことがよくあります。また、問題が起きていても違和感に気づかなかったり、問題そのものをスルーしたりします。

一方、悲観主義バイアスのマネジャーは、少しでも不安があれば「NO」と反対します。リスク管理を意識しすぎるあまり、新しい挑戦には足を踏み出せないし、人を信じて任せることも苦手です。

## メンバーに対する自分の評価や見解に偏りがないか、健全に疑うことを忘れずに

# 5-8 メンバーの話を上手に聞くヒント

## 相手のことは「わからない」という前提で話を聞く

自分は相手の話によく耳を傾けて、相手のことを理解しようとしている。そう思っている人でも、無意識のうちに「マネジャーである自分が一番よくわかっている」「経験を積んできた自分が正しい」という気持ちがあって、相手の話をちゃんと聞いていないことがあります。

「自分が一番よくわかっている」と無意識に思ってしまうのは、前節で紹介したアンコンシャスバイアスのひとつ、「過剰自己評価」です。自分のアンコンシャスバイアスに気づかずに、相手の言葉にじっくり耳を傾けることなく聞き流してしまうと、相手をぞんざいに扱ったり傷つけたりすることになり、心理的安全性に悪影響を及ぼします。

たとえば、「私は最近、大変なんです」とメンバーが言ったとします。それを聞いて、「あーはい、わかりますよ」と安易に答えていないでしょうか。

冷静に考えればわかることですが、いくら優秀なマネジャーでも、他人であるメンバーの気持ちが理解できるはずはありません。「わかりますよ」と言われたメンバーは、「全然わかってくれてない！」「自分のことをちゃんと見てくれていない」とかえって不満を覚えるでしょう。

**相手のことを本当に理解しようとするなら、相手のことは「わからない」という前提で話を聞くことが大切です**。

「具体的にどんなふうに大変なんですか？」

「何があったのか具体的に教えてもらえませんか？」

わからないからこそ、相手に聞いて、教えてもらうスタンスです。

「お客様に提案しても、反応が全然なくて、手ごたえがありません。なぜうまくいかないのかわからなくて、自分のアウトプットにモヤモヤしてるんです」

メンバーの話をひたすら聞く姿勢に徹すると、メンバーは自分のことを受け止めてもらえたと感じて、安心します。

## 相手の言動の裏にある意図に注目する

心理的安全性の土台となるローコンテクストのコミュニケーションでは、阿吽の呼吸に頼るよりも、言語化することが大事であることはすでに述べました。ですが、場合によっては、表に見える言動どおりに受け取らないほうが、相手をより理解できて、結果的に自分の心理的安全性を保てることがあります。

たとえばこんな場合です。

つい議論に夢中になって、次の打ち合わせの時間に遅れてしまいました。「あぁ、また遅れちゃった」と申し訳ない気持ちで部屋に入ると、「なんでいつも遅刻するんですか？」と頭ごなしに責められました。遅刻した自分が悪いとわかってはいても、こちらも感情を持った人間ですから、「喧嘩を売ってるのか？」とカチンとくることがあります。

こんな場面で試してみてほしいのは、「相手が本当は何を望んでいるのか」に注目することです。「なんでいつも遅刻するんですか？」という相手の言葉の裏には、どんな望みが隠されているのでしょうか。

攻撃的で感情的な言葉の裏には、表に見えているものとは別の意図があります。視点を変えて状況を捉え直してみると、相手が本当に伝えたかったのは、「時間を守ってほしい」ということだったと理解できるかもしれません。相手が必ずしも喧嘩を売っているわけではないことがわかれば、相手との関係性をポジティブなものに変えていくための働きかけができます。

たとえば、「なんでいつも遅刻するんですか?」と感情的な言葉を投げかけられたら、相手の真の意図をくみ取ったうえで、「すみません、もう二度と遅刻しないように気をつけますね」とニュートラルに対応します。これだけでも相手の怒りは少し落ち着くはずです。

さらに、**コミュニケーションの上級者を目指すなら、相手の言葉を建設的な表現に言い換えたうえで、相手に伝えてみます**。

「あなたの希望はわかりました。『次は時間を守ってほしい』ということですね」

すると、「自分の望みを理解してもらえた」と感じた相手は、あなたとの間に心理的安全性を覚え、もはや攻撃的な言葉を使って自分の望みを表現しなくてよくなります。

もし、相手が攻撃的で感情的な言葉を投げかけてきたら、それは自分にとっての「学びの機会」なのかもしれません。「相手は心の底では何を求めているのだろうか」「何を望んでいるのだろうか」と自分の心の中で問いかけてみてください。相手の言葉の裏にあるポジティブな意図に注目すれば、人間関係の悪化を防ぐことができ、相手だけでなく、自分自身の心理的安全性も守ることができるのです。

## 表の言動だけでなく、メンバーの裏の真意に気づくためにも話はよく聞く

# 5-9 一側面だけで人を判断せず全人的に見て受け止める

## 人には多面性がある

「人として」接するとは、「彼は若手だから」「あの人は部長だから」のように、その人の役割や肩書きを、あたかもその人の人格のように捉えて接するのではなく、その人自体をよく見て接するという意味です。

**一人の人間の中にも、実に多面的な側面があります**。たとえば、職場では「30歳、男性、課長」だとしても、プライベートでは誰かの息子であり、子どもの父親であり、夫であり、パートナーであり、子どもの学校のPTA役員であり、学生時代の友人にとっては遊び仲間かもしれません。

このように、人のアイデンティティはものすごく複雑です。

しかも、一人の人間の中に相反する性質が共存しています。たとえば、会社では課長としてチームを引っ張っていても、風邪をひいて家で寝込んでいるときは、奥さんから「しょうがないわね。暖かくして寝ていてよ」と子ども扱いされたい存在かもしれません。

あるいは、健康的な生活を意識して、日頃からスポーツをしたり、食事管理を徹底したりしているのに、金曜の夜に友達と外出すると飲みすぎてしまう人もいるでしょう。次の日は頭がガンガン痛くて、昼頃まで起きられない。「あぁ、こんな自分が嫌だ。二日酔いしている自分にがっかりだ」と自己嫌悪に陥ってしまうことは誰にでもあるでしょう。

自分の情けない部分は隠したがるし、会社では知られたくないと思う。部下の前では情けない姿は一切見せずに、いつも格好いい課長を演じてしまう。

しかし、自分の中で相反する複雑性を自分がまずは受け入れられないと、精神的につらくなってしまいます。たまには、「今日はイマイチ調子が悪いから、代わりに会議を仕切ってくれませんか？」とメンバーに頼んでもいいのではないでしょうか。

## 人としてありのままに接する

職場で見ている会社員としての顔以外にも、メンバーはそれぞれにいろんな面を持っています。マネジャーはこのことを理解し、それらの多面性を受け入れることが大切です。

そもそも「課長である」「部下である」というのは、職場での役割にすぎません。にもかかわらず、私たちは役割の仮面をかぶり、相手のことも役割で見がちです。「上司なんだからしっかりしろ」「部下なんだから指示どおりに動け」といった発言は、相手を役割でしか見ていない証拠です。

先ほど「人に興味を持つ」という話をしましたが、**役割や肩書き、属性しか見ていない人は、「お互いを会社やチームの歯車として見ている」ということです**。お互いに役割を演じている限り、自分の本当の気持ちや自分らしさが置き去りにされ、心理的安全性を感じることは難しいのです。

人は、自分の相反する多面性を受け入れてもらえると、「自分のことを理解してもらえた」「ありのままの自分をわかってもらえた」と感じて安心します。これが職場の心理的安全性につながっていきます。

私たちは、「あの人は能力が低い」「成果を出せない」と相手を能力や成果で評価したり、「課長なんだからしっかりしてほしい」と相手を役割で見たり、その人の一面だけを切り取って、相手のことを決めつけてしまうことがよくあります。そして、「こうすればいいのに、なんでこうしないの？」と自分の考えを押しつけてしまいがちです。

つまり、その人のことを見ているようで、見ていません。むしろ、バイアスのかかった自分のフィルターを通して相手を見ている、自分が見たいように相手を見ている、と言ってもいいでしょう。偏見やバイアスによる決めつけがあると、相手は自分の存在がぞんざいに扱われている、もしくは自分の人格が否定されている気がして、心理的安全性は下がっていきます。

「人」として相手に接する、と言うときの「人」とは、その人の「ありのままの存在」を指します。相手のことをありのままに受け止め、全人的に見て接することが、職場の心理的安全性の醸成には大切です。相手をありのままに受け止めるには具体的にどうすればいいのか、これから説明していきます。

## 相手は「どんな状況か」にも意識を向ける

たとえば、イライラして喧嘩腰な人がいたとします。ある時点では、この人はたしかにイライラして喧嘩腰ですが、いつもそうかというと、そうではありません。

もしかすると、そのときはプロジェクトがうまく進まずにストレスが溜まっていたのかもしれません。その人をイライラさせる理由があったから、そうなっていただけで、その人がいる環境や置かれた状況が違えば、その人の振る舞いも変わってくるはずです。

**「人は環境の中に生きている」**という前提に立てば、表面的に見えている相手の振る舞いだけを切り取って、「すぐイライラするあの人は、ダメな人だ」とか、成果を出せなかった人を「あの人はできない人だ」と決めつけることが間違いであることがおわかりいただけるでしょう。

「あの人はできない人だ」という固定されたアイデンティティがあるわけではなく、「あの人はこういう状況だから、今はパフォーマンスが落ちている」と状況とセットで相手を理解することが大切なのです。それが「相手をありのままに受け止める」ことになります。

状況ごと相手を理解することができれば、その状況を改善して本人のパフォーマンスを上げるために、どんなサポートをすればいいのかが見えてきます。相手にラベルを貼ったり、相手のことを決めつけたりせずに、相手にとって理想の状態をつくるために建設的に関わることが重要です。

人は環境の中で生きているからこそ、いいときもあれば、悪いときもあります。相手を見るときは、「どんな状況か」に目を向けて、状況とセットで相手を理解するようにします。これが、「人」として相手を見る、「人」として相手に接するときに意識したいことです。

## メンバーの言動については、彼（彼女）が置かれている状況とセットで考える

コラム

# 「クライアントのつもり」でメンバーに接してみよう

「メンバーを多面的に理解して、コミュニケーションをとる。チームの心理的安全性を高めるためとはいえ大変だ」と感じた方もいるかもしれません。でも、これは仕事で普通にしていることではないでしょうか。たとえば相手に合わせたコミュニケーションは、営業職にある人には何ら特別なことではなく、クライアントに対して自然にやっていることかもしれません。

CRM（カスタマー・リレーションシップ・マネジメント）であれば、「先方の担当者は海外赴任の経験が長くて、フレンチ料理が好き。上司にはこんな人がいて、2人の関係はこんな感じ」など、相手に関する詳細な情報が手元にあって、クライアントとの人間関係の向上に役立てられています。こちら側の担当者が替わっても、「先方の担当者をフレンチ料理にお連れしよう」などとスマートな対応ができるのです。

クライアントに対してはきめ細かな対応ができるのに、それを自分のチームメンバーに対してやらないのはなぜでしょうか。僕はそれが残念でなりません。

クライアント対応で発揮する「相手起点」のコミュニケーションをメンバーに対しても実践すれば、職場の心理的安全性は格段に高まるはず。ですから、クライアントに向けるような気遣いや配慮、観察眼を、自分のチームメンバーにもぜひ向けてみてください。そして、メンバーに「クライアントのつもり」で接してみるのです。

大事なことは、小さな実験を繰り返しながら、メンバーに介在し続けることです。

今日はうまくいかなかった、メンバーとの間に摩擦が生じた、対立が起きた……など、いろんな日があるでしょう。うまくいかなかったら、その理由を考えてみて、次の実験に向けて仮説を立てます。「もしかしたら聞き方がよくなかったのかも。だったら、次は別の聞き方を試してみよう」

仮説→実験→検証を繰り返しながら、相手が話しやすい状況をつくり、相手のことを知る工夫をしてみてください。介在し続けるうちに、相手が心を開いてくれるタイミングがきっと来るはずです。

# 第3部

# 実践編

マネジャーは毎日、リアルな職場やリモートワークで、メンバーと接する機会があります。雑談から真面目な仕事の相談まで、いろいろなコミュニケーションを取ることになりますが、その際のちょっとした行動が、メンバーの心理的安全性を高めることにも下げることにもなります。

# 第 6 章

# 職場における
# メンバーとの
# 「接し方」のヒント

コミュニケーション

# 6-1 「雑談」はメンバーのことを知る「診察」

## 苦手な人も多い、ちょっとした社内の雑談

職場の心理的安全性に不可欠な相互理解や適切なサポートの提供には、お互いにコミュニケーションをたくさん取ることが大事です。これに異論のある人はいないでしょう。

**コミュニケーションの頻度は、できるだけ多いほうが望ましいと言えます**。最近は、多くの会社が1on1を取り入れています。よい傾向ではありますが、とはいえ月1回の1on1がすべてだとしたら、十分な頻度とは言えません。月1回よりも週1回、さらには少しの時間でも毎日話せる状態が理想です。

日々のコミュニケーションに欠かせない雑談ですが、「雑談が苦手」というマネジャーは多いようです。

理由のひとつは、仕事中に仕事と関係のない話をするのは気が引けるというもの。本書編集者の齋藤さんは、「『昨日のあのテレビ見た？』といった他愛もない雑談は仕事中にしづらい」と話してくれました。

雑談が苦手なもうひとつの理由は、「自分からネタを提供しなければならない」「自分のことを話さなくてはならない」という思い込みです。そのため、「仕事中に自分の話をして相手にウザがられたらどうしよう」「自分の話に興味なさそうだったらショックだ」と心配しているのです。

## 話す「雑談」より、聞く「雑談」を心がける

雑談が苦手と感じている人は、どうやら雑談を誤解しているようです。自分の話したいことを話すのが雑談だと思っている人が多いのですが、実はそうではありません。職場の心理的安全性を重視するマネジャーが仕掛ける雑談は、「メンバーを気持ちよくするためのもの」なのです。

たとえば、冬の寒い日に、薄手のコートを着たメンバーが凍えそうな表情で部屋に入ってきたら、「寒そうですね。温かいお茶はどうですか?」「部屋の温度を少し上げましょうか?」と声をかけると、相手はあなたの気遣いに触れてほっとします。あるいは、新型の時計を身につけている人がいたら、「それ、新しいモデルですか? 素敵ですね」「どんなふうに使うんですか?」と興味を持って質問します。こんなふうに話しかけられたら、相手はうれしいでしょう。

**マネジャーは、声をかけることで相手の状態を知り、どんな形で相手をサポートすればいいかを探ることができます**。つまり、雑談は相手の状態を知るための「診察」なのです。

言い換えると、雑談とは「相手が今どんな状態なのか。この場の心理的安全性を高めるために相手に対して取るべき次のアクションは何か」を確認するためのツールなのです。

「雑談は診察」と考えれば、自分のことを無理に話さなくてもいいわけですから、ハードルが下がりそうです。好奇心を持って相手の状態を観察して、「今、相手が何を必要としているか」に集中するだけなので、誰でもできるようになります。

**「雑談が苦手」という人は、実は相手のことをよく見ていないのかもしれません**。会話のやり取りが続かないのは、相手の状況や気持ちを無視して話を進めようとしているからではないでしょうか。ぜひ、「相手を気持ちよくする」ことを意識しながら、雑談してみてください。

## 雑談とは、自分の話を押し売りすることではなく、相手を思って声をかけるプレゼント

コミュニケーション

# 6-2 話し方のコツは相手がいる場所に〝会いに行く〟

## 会話のペースも相手起点で

Meet them where they are. という英語の表現があります。これは「相手が今いる場所に会いに行きましょう」という意味です。つまり**「相手に合わせる」**ということです。

たとえば、ゆっくり考えながら話すタイプのメンバーと話をするとき、自分（マネジャー）はテキパキと早口で話すタイプだとしても、この場合はメンバーのペースに合わせて、できるだけゆっくりと話すことを意識します。

メンバーにしてみれば、テキパキと話すマネジャーとの会話は、緊張して心理的安全性を感じられないかもしれません。しかしマネジャーが自分に合わせてゆっくりと話してくれれば、緊張がほぐれて気持ちが落ち着きます。また、無理して相手に合わせる必要がなくなるので、メンバーは自分らしくいられることで心理的安全性を感じます。

### メンバーはその気持ちだけでもうれしい

「そんな器用に相手に合わせて話したりできない」と心配する必要はありません。**上手にできなくても、そうしようと努力している姿勢を見せるだけで、実は、ほぼ目的を達しているからです**。マネジャーが自分に好奇心を持って、集中して、寄り添ってくれているのを感じたら、メンバーはうれしく思うはずです。「マネジャーは自分の敵ではない」と感じるとともに、信頼と尊敬の念を抱くでしょう。

やれるかやれないかなんて気にしないで、どんどんメンバーのいる場所に会いに行きましょう。そうすることでメンバーは、自分の思うことを自由に話しやすくなり、チーム内の心理的安全性も高まるのです。

## 「自分に合わせようとしてくれている」と
## メンバーに思ってもらえれば、マネジャーとして合格

コミュニケーション

# 6-3 反対意見を伝えるときも まず相手の発言を受け止める

## 自分の考えを伝えるのは「聞いてから」

メンバーの意見や考え方に対して、マネジャーが「いや、私はそうは思わない」と反対意見を伝えなければならない場面もあります。すでに述べたように、建設的な意見の対立があってこそ、職場での心理的安全性が確保された状態と言えますから、「それは違う」と思ったら、遠慮しないできちんと相手に伝える必要があります。

その場合に、どういう伝え方をすれば、相手を不要に傷つけずに、相手を「人」として尊重しながら伝えることができるでしょうか。

まず大事なことは、「私はあなたの話をちゃんと聞いていますよ」という姿勢で相手の話に耳を傾け、いったんは相手の話を受け止めることです。**途中で遮ってはいけません**。一通り聞いてから、「なるほど。あなたはそう考えるんですね。あなたの言いたいことはよくわかりました」と受け止めましょう。

これによって、メンバーが「自分の話をちゃんと受け止めてもらえた」と感じたら、今度はマネジャーであるあなたの言葉を受け止める心の準備ができたことになります。

## チャーミングに返す

こちらの意見を伝えるときの簡単なテクニックをご紹介しましょう。

**相手が言ったことに対して、メリットとデメリットを考えてもらうやり方です**。それによって、別の物の見方があることに気づいてもらうことができます。

**マネジャー**　「あなたが提案したこの方法ですが、これについてのメリットとデメリットを考えてみませんか。メリットは何ですか？　デメリットは何ですか？」

**メンバー**　「メリットはこれで、デメリットはこれです」

**マネジャー**「ちょっと待ってください。そのメリットは、あなたにとってのメリットですね。お客様にとってはどうでしょうか？」

あるいは、もっと茶目っ気を出して、チャーミングに反対意見を伝えてみると、こんなふうに言うこともできます。

**マネジャー**「あなたが言うメリット、すごくよくわかる。気持ちいいし、楽しいよね。でも、お客様にはそれって、どういうメリットがあるのかな？」

ポイントは、**会話を通して相手の視野を広げ、「あぁ、確かにこういう見方もある。そういう見方もある」と物事を俯瞰して見られる状態をつくることです**。それによって本人が別の物の見方に気づいていきます。「これは正しい、これは間違っている」と断定的に指摘されるよりも、納得感が得られて、受け入れやすくなります。

## 異論反論は伝え方次第で、相手を傷つける刃物にも、相手を思いやるプレゼントにもなる

コミュニケーション

# 6-4 ハラスメント未満の「小さな攻撃」に要注意

## 悪気はなくても相手を傷つけていることがある

よほどのブラック企業でなければ、「お前の話は聞いてないんだよ、黙れ」とか、「お前はほんとにダメなヤツだな」といったハラスメント的な言動はないかもしれません。

しかし、職場の心理的安全性を脅かすのは、そうしたあからさまな人格否定や攻撃的な言動だけではありません。「自分はハラスメントに該当するような言動はしていないから大丈夫」と思っている人でも、実は無意識のうちに相手を傷つけ、心理的安全性を低下させていることがあるのです。

たとえば、メンバーの質問に対して、「またその質問？　この前も説明したでしょ」

と面倒くさそうに返したり、「そんなこともわからないの？」「またやったの？」とあきれてみせたりしていないでしょうか。**自分は何気なく、あるいは冗談のつもりで言ったとしても、それが相手には小さなトゲとなって刺さることがあります**。こちらに悪気がないだけに、受け取る側は抗議の声を上げにくく、飲み込んでモヤモヤが残ってしまいます。

このように、ハラスメントには至らないものの、相手を動揺させたり不快感を与えたりする言動を、「マイクロアグレッション」と呼びます。日本語に訳すと「小さな攻撃」です。相手に対してマウントを取るのも、マイクロアグレッションの一例です。

## 言葉に出さずとも、仕草だけでＮＧ

マイクロアグレッションは言語表現だけでなく、態度や表情などの非言語表現にもあります。たとえば、リアルの場でメンバーが話しかけてきても、パソコンから顔を離さず「あー、はいはい」と受け流しながら聞く態度も、マイクロアグレッションです。マネジャーは単に忙しくて顔を相手に向ける余裕がなかっただけなのかもしれませんが、メンバーは「ちゃんと話を聞いてもらえていない」「雑に扱われている」というメッセージを受け取り、心理的安全性を感じられません。

マイクロアグレッションは日常的に起きていて、100%防げるものではありません。それでも、相手の立場に立った言動を意識するだけで、減らしていくことはできます。自分の何気ない言動が相手の心理的安全性を損ねていないか、お互いに気をつけながら接していきたいものです。

## わかりやすい暴言だけではなく、ちょっとした一言、何気ない仕草がメンバーの心理的安全性を脅かすこともある

アドバイス

# 6-5 相手が「コーチャブル」なタイミングを見極める

## 「自分の言いたいとき＝いいタイミング」ではない

相手にアドバイスや指摘をするときは、相手の状況を見て、アドバイスや指摘を受け取れる状態かを見極めてから伝えるという配慮も必要です。つまり、**ここでも大事なのは「相手起点」の考え方です**。

たとえば、相手に「この行動を直してほしい」と注意する場合、相手がそれを受け取れる状態でなければ、あなたの注意は相手にとって脅威と感じられ、相手には伝わらないことが多いものです。そのようなときは、「今日は伝えるのをやめて、明日、改めて話してみよう」とタイミングをずらすのがいいでしょう。明日まで時間を延ばし、それまでに「どう伝えれば相手に伝わるかな」と考えて準備すれば、よりよい結果につながるかもしれません。

「相手が受け取れる状態でない」とは、どのような状態なのでしょうか。

ひとつには、相手の気持ちに余裕がないときや、精神的に落ち込んでいるとき。相手の気持ちが不安定な状態のときに厳しい指摘をすると、相手は自分が否定されたと感じて心理的安全性が下がり、かえって心のシャッターを閉じてしまう恐れがあります。

気持ちが不安定な状態の相手に対しては、そっとしておくか、あるいは「何かあったの？　よかったら話してみて」と声をかけるなど、まずは気持ちを落ち着かせるための関わり方がよいでしょう。

また、相手のスキルが不足しているときも、指摘を受け取れる状態ではないことがあります。「二度と同じミスを繰り返さないで」と伝えたとしても、相手が仕事に必要なスキルを持っていなければ、相手は変われる状態にないので、いつまでもミスが繰り返されるでしょう。ミスが続けば、お互いの信頼関係に溝が生まれ、心理的安全性にも悪影響を及ぼします。この場合、仕事をミスなく遂行するために必要なスキルを相手が身につけられるようサポートすることが、まずやるべきことと言えます。

## 長期的な視点からもタイミングを見計らう

あるいは、こんなケースもあるでしょう。

もっと活躍してほしいメンバーがいるものの、本人にはその気がない様子。昇進試験を受けてみるように勧めたけれど、「私、そんなに上昇志向がないので、昇進試験は受けたくありません」と素っ気ない返事が返ってくる。あるいは、プロジェクトリーダーに推薦しようとしたら断られた。このようなメンバーの態度に歯がゆい思いをしているマネジャーも少なくないでしょう。

ここで、「せっかく目をかけてやっているのに、あいつはやる気がない。恩知らずな奴だ」などと決めつけてしまうのは、相手のことを尊重しているとは言えません。

本人がなぜマネジャーの勧めを断るのかは、聞いてみないとわかりません。もしかしたら、家庭の事情で今は仕事にアクセルを踏めない状態かもしれないし、仕事よりもプライベートを充実させたいと考えているのかもしれません。だとしたら、本人にとって、「今はそのタイミングではない」ということでしょう。

キャリアについて話をする場合も、相手がそれを望んでいるのかは見極める必要があります。
そもそもキャリアの話なんて興味ないし、悩みもない、コツコツ働いてあと数年で会社を辞めようと考えている人に、「あなたは10年後にどうなりたいんですか？」とたずねても、キャリア相談の押しつけにしかならず、相手にネガティブなプレッシャーを与えてしまいます。あるいは、「そんな質問をして、何か裏があるのだろうか。異動させたいのかな、それとも辞めさせたいのかな」と相手に疑念や不安を抱かせることになり、心理的安全性をおびやかしかねません。それは意図するところではありません。

今はキャリアについて関心がなくても、状況はつねに変化します。人の気持ちも変化します。今は何らかの理由があって仕事をあまり頑張りたくないけれど、時間がたって状況が変われば、「仕事で新しい挑戦をしたい」と思うときがやってこないとは限りません。

「わかりました。今は家庭の事情で昇進試験を受ける状況ではないのですね。では、家族の問題が落ち着いた頃、来期にまたこの話をしましょう」

**マネジャーが意識したいのは、必ずしも自分が言いたいタイミングではなく、相手にとって適切なタイミング、すなわち相手の受け入れ態勢が整ったタイミングで伝えることです**。相手の状況に寄り添ったコミュニケーションが、職場の心理的安全性の担保に重要な役割を果たしていることを認識していただきたいと思います。

## 相手はコーチャブルな状態か

コーチングの世界では、「コーチャブル」という言葉があります。**コーチングを受ける人が、「理想の状態に近づくためにコーチのサポートを積極的に受け入れられる状態」であること、「理想の状態を目指して変わることができる状態」のことを指します**。

マネジャーは、アドバイスや指摘をする前に、相手が「コーチャブルかどうか」を見極める必要があります。相手がコーチャブルな状態ではないときに、「あなたは将来どうしたいの？　さあ、１on１をしよう」と先走っても、空回りしてしまいます。

人を取り巻く状況は常に変わっていると書きましたが、マネジャーが好奇心と集中力でもってメンバーに関わっていれば、メンバーのちょっとした変化にも気づいて、コーチャブルなタイミングを察知することができるはずです。

たとえば、メンバーが悩みを抱えていそうだと思ったら、

「あまり元気がないようだけど、どうしたの？」と声をかけてみて、

「実は、あの件がうまくいってないんです。相談に乗ってもらえませんか？」

というやり取りがあってはじめて、相手の相談に乗ることができます。相手がたどり着きたい理想の状態があって、そのためにアドバイスを本気で求めているときが、コーチャブルな状態（相手にとっての適切なタイミング）です。

相手にとって適切なタイミングで伝えてこそ、マネジャーからの指摘やアドバイスを必要不可欠な情報として受け取ってもらえます。その結果、メンバーの行動が軌道修正され、個人やチームの成果につながっていくのが理想的な状態です。

人は、適切なタイミングで適切な情報を伝えてくれる人のことを信頼し、自分にとって大事な存在だと認識するものです。相手の心の準備ができるまで待つことのできるマネジャーが、メンバーとの信頼関係を土台にして、職場の心理的安全性を高めていくことができるのです。

## どれだけ有益な助言も、相手がコーチャブルでないときに伝えては効果半減

アドバイス

# 6-6 相手を否定するための「なぜ」を多用しない

## 「なぜ」が人を追い詰める

トヨタの「なぜなぜ分析」で有名なように、物事の本質に迫るうえで「なぜ？」は有効な質問です。コミュニケーションにおいても、「なぜ」と相手の意図や真意を、詳細に確認することで、より正確に理解し合えるシーンも多くあります。

しかし、使い方を間違えると心理的安全性を壊しかねないやっかいな言葉であることも事実。つい、こんな使い方をしていないでしょうか。

「なぜあなたは仕事が遅いんですか？」

「なぜこんなことも理解できないの？」

「なぜそんな言い方をするの？」

実はこうした「なぜ」の使い方は、疑問文ではなく、相手の真意や誠実さ、真面目さ、ＩＱを疑ったり、否定したりするような断定表現となって相手に伝わっていることがあります。

「なぜあなたは仕事が遅いんですか？」
←
「あなたは仕事が遅い人ですね」

「なぜこんなことも理解できないの？」
←
「あなたはこんなことも理解できない人なんですね」

「なぜそんな言い方をするの？」
←
「あなたの言い方は、なってないね」

こんなふうに言われたら、相手は攻撃されたと感じて、心理的安全性が下がってしまいます。

もちろん、純粋に理由をたずねるために、適切に「なぜ?」を使うのはOKです。英語圏のコーチングの本にも、「Whyは攻撃的に聞こえるから、使うときには表現に注意しましょう」と書いてあったりします。

「なぜそういうやり方にしたんですか? 僕はまったく予測していなかったので、あなたの考え方や仕事の基準を教えてほしいんです」

このように質問すれば、相手は自分を否定されたとは感じずに、率直に理由を話しやすくなります。

## ラポールがあれば、言葉の使い方は大した問題ではなくなる

マネジャーとメンバーとのコミュニケーションにおいて「なぜ」に注意すべきである

と述べましたが、実はこうした伝え方、言葉の選び方は、心理的安全性を議論するうえで、それほど本質的な問題ではありません。

相手を否定する言葉の使い方には注意が必要ですが、**相手とよい関係、つまり「ラポール」があれば、言葉の使い方はあまり問題にならない**と僕は思っています。ラポールとは、「共感に基づく信頼関係」のこと。相手とラポールを築くには、相手に好奇心を持って集中し、「人にやさしく」を意識して接することに尽きます。

そして相手との間にラポールがあれば、多少攻撃的なニュアンスを含んだ「なぜ?」を相手に投げかけても、心理的安全性が壊れることはありません。たとえば、マネジャーとメンバーの間でこんなざっくばらんな会話も成り立ちます。

「あなたさぁ、なんでこれができないの（笑）？」

「ああ、それを言われると耳が痛いです。正直なところ、できないわけじゃなくて、やりたくないんですよね。自分には向いてない気がします」

「なんでできないの?」と笑顔で挑発したら、メンバーの本音を引き出せたという例です。本音が聞ければ、それに対してどう対応するのか――仕事の役割を変えるとか、そもそもその仕事の必要性がなければやめるのか――適切な対応を選択することができます。

相手との信頼関係が構築できていれば、言葉で何を言うかはあまり問題ではありません。むしろ、こういった挑発ができるかどうかが、職場に心理的安全性があるかどうかのバロメーターになると思います。

心理的安全性を高める大前提として「相手起点で考える」「人の多様性、多面性を受け入れる」という話をしてきましたが、多様で多面的である相手を起点にして考えるということは、「誰に対しても、この言葉を使えば（使わなければ）、こういう伝え方をすれば（しなければ）大丈夫」という方程式はないということです。ズバッと言われると傷つくメンバーもいれば、傷つかないメンバーもいるし、日によっては単刀直入に言ってほしかったり、そうでなかったりするからです。

ここではコミュニケーションの注意ポイントとして「なぜ」を一例として挙げましたが、その人を見て、観察して、相手起点で考えて接するということを、くれぐれも忘れないでください。

## ラポール（共感に基づく信頼関係）があれば、あえて挑発してチームやメンバーを活性化することもできる

コラム

# オンライン・在宅勤務でもラポールはつくれる

心理的安全性を確保するには、「対面とリモートのどちらが適しているか」という議論があります。極論を言えば、僕は「どちらでも構わない」と思っています。

心理的安全性に必要なのは、お互いを認め合える関係です。お互いの心が通じ合った状態を「ラポール」と言いますが、ラポールをいかにつくっていくかが重要なのです。

ラポールは、直接相手の目を見てコミュニケーションを取ることができ、相手の動きを感じることができる対面のほうが築きやすいと考えられています。確かにそうですが、ラポールの構築はオンラインでも可能です。これは僕の経験から言えることです。

僕はモルガン・スタンレー時代、遠く離れたプロジェクトメンバーと電話会議システムを使ってやり取りしていました。音声だけなので、Ｚｏｏｍのようなビデオ会議と比べると情報量は圧倒的に少ない状態でした。かといって、相手と仲良くなれなかったわけではなく、対面で会ったことのない相手とも非常に良好な関係を築くことができました。

僕たちがやっていたことは実にシンプルです。まず、約束はしっかり守る。お互いの話をよく聞く。お互いのためになる刺激を与え合う。そして、一緒にプロジェクトを進めるにあたり、プロジェクトの目的や意義をお互いに共有し、役割分担も明確にしました。これは心理的安全性に不可欠な「構造の明確化」です。

　これらの基本姿勢を大切にすれば、対面でなくても、お互いへの信頼と尊敬を育みながら、自分らしく己の力を発揮できる関係性をつくることができるのです。

　逆に言えば、対面だからといって、ラポールを築けるわけではありません。信頼も尊敬もない相手と同じ場所にいることで、かえってストレスが増すことのほうが多いでしょう。

　対面かリモートかの議論よりも大事なことは、「相手に好奇心と集中力を持って向き合うこと」、そして「相手に歩み寄ること」です。お互いに歩み寄る気持ちがあれば、オンラインでも十分に信頼関係を築くことは可能です。たとえ沖縄と北海道で離れていても、心理的安全性を育んでいくことはできるのです。

メンタル

# 6-7 マネジャーは自分の今の「心の状態」を把握しておく

## 心の状態によって感じ方は変わる

「今日はなんだかメンバーの動きが悪いな」とか、「メンバーの態度が反抗的だな」と感じるとしたら、もしかしたらマネジャー自身が疲れていて、心に余裕がなく、相手の言動に敏感になっているのかもしれません。そんなときは、自分自身の心の状態をチェックしてみる必要があります。

なぜ自分の心の状態を知ることが大事なのか。それは、**心の状態によって周りからの刺激に対する反応が変わる**からです。

どういうことかというと、疲れが溜まっていたり、心に余裕がなかったりするときは、周りからの刺激に対して敏感に反応しがちです。相手の何気ない言葉がきつく聞こえたり、自分への攻撃のように受け取ったりします。

一方で、体の調子がよく、心にも余裕があるときは、周りからの刺激に穏やかに反応します。同じ言葉をかけられてもさほど不快とは感じずに、受け流すなど柔軟な対応ができます。

心の状態はいつも同じではなく、状況によって変化します。心が不安定な状態にマネジャー自身が気づかずにいると、相手の言動や出来事に過剰に反応して、自分の焦りや不安、怒りを相手にぶつけてしまうかもしれません。あからさまに気持ちをぶつけなくても、**チーム内で一番の影響力を持つマネジャーの感情の揺れや心の不調は、少なからずチームに伝播します**。それがチームの心理的安全性を下げることもあるのです。

## 過剰に反応する人は心の状態が不安定

焦りや不安があると、周りからのちょっとした刺激にも敏感に反応する例を紹介しましょう。僕が以前在籍していた職場での話です。

その職場では女性のチームメンバーの名前を「ちゃんづけ」で呼ぶことがよくありま

した。あるとき、僕が優秀な女性メンバーのことを「○○ちゃん」と呼んだら、彼女は感情を高ぶらせて、「その呼び方で呼んでほしくない」と僕に抗議したのです。

「だって、みんなあなたのことを○○ちゃんと呼ぶでしょう？」と僕が言うと、

「でも、あなたは男性だから。男性に○○ちゃんと呼ばれると、見下されたように感じる。『さんづけ』で呼んでほしい」と彼女は言いました。

僕には彼女を見下そうとか、軽視しようという意図はまったくありませんでした。もし、そのような意図が感じられたとしたら、それは彼女の解釈であり、彼女の問題です。「ちゃんづけ」で呼ばれたことで、彼女の心の中の何かが刺激されて、過剰な反応を引き起こしたのでしょう。

「わかった、ごめんね。これからは『さんづけ』で呼びますね」

僕は彼女のことを「○○さん」と呼び始めました。

すると今度は、彼女が前言を撤回して、「やっぱり『ちゃんづけ』で呼んでほしい」と頼んできたのです。「そのほうが親しみを感じるから」と彼女は言っていました。

彼女にどんな心境の変化があったのかはわかりません。「ちゃんづけ」を拒んだときの彼女は、疲れていたのか、仕事が忙しくて心に余裕がなかったのか、あるいは他に心配事があって神経が苛立っていたのかもしれません。そんな彼女の感情を僕が受け止め

たことで、彼女の心に落ち着きが戻り、心が緩んだのではないかと思います。

## 知っていれば心理的安全性を守れる

心が不安定な状態では、敏感で過剰な反応が起こりやすくなります。これを知っているだけで、人間関係の余計な衝突やトラブル、それからコミュニケーション上の誤解やすれ違いを避けることができます。

たとえば、自分が過剰に反応しそうなときは、「あれ？　過剰に反応してるかも。自分が苛立っているのかな」と気づくことで立ち止まることができます。あるいは、自分の言葉に相手が感情的に反応した場合でも、自分に非があるというよりも、「不安や焦りを抱えている相手の問題」と捉えることができます。

そう思えれば気持ちが楽になって、少なくとも自分の心理的安全性は守ることができるのではないでしょうか。

## マネジャーも環境の中に生きている どんな環境に置かれているかで心の状態も変わる

メンタル

# 6-8 感情はあって当然。ただし感情に反応しない

## 抑え込むのは逆効果

マネジャーの心の状態がチームの心理的安全性に影響を与えるのなら、「マネジャーは怒ってはいけないし、不満を口に出してもいけないのではないか。感情を抑えていつも平静でいなければならないのか」と思うかもしれません。でも、そうではありません。

まず、感情を抑え込むのはよくありません。感情に蓋をしても、抑圧された感情はくすぶり続け、いつか爆発します。感情が消えてなくなることはないのです。

それに、ネガティブな感情であっても、僕は感情が悪いものだとは思いません。怒り、苛立ち、恨み、嫌悪、憎しみ、恐怖、不安、焦り、苦悩、絶望、あきらめ、狼狽……、

**これらの感情も人間にとって必要なものなのです。**

たとえば、腹立たしさや怒りは、自分にとって「大切なもの」や「大事にしようとしているもの」がないがしろにされたり、奪われたりすることで湧いてくる感情です。腹立たしさや怒りを感じるのは、人としてごく自然なことです。

ただし、その感情の表出の仕方を間違えると、相手を傷つけ、信頼関係を損ねることがあることは留意しておくとよいでしょう。

感情が原因で人間関係がこじれるのは、感情に飲み込まれて反応してしまうときです。怒りに任せて、言わなくていい暴言をつい相手に投げつけてしまうことがあります。

「あれほど頼んだのに、なんでやってくれないんだ。ホント腹立つわ。お前はどうしようもない奴だな」

攻撃するつもりはなかったのに、怒りの感情に飲み込まれて、気づいたら相手の人格を否定していて、マネジャーである自分がチームの心理的安全性を壊していた、なんてこともあるかもしれません。

感情をぶつけて相手を傷つけたり怒らせたりすれば、相手はあなたの言葉を受け入れられずに、防御を固めるか反撃するかして、事態は悪化する一方です。人間関係もこじれて、修復には相当の時間と労力を要することになるでしょう。

## 感情に気づいて、建設的な表現に言い換える

感情に任せて相手を攻撃しないためには、まずは自分の心の状態に気づくことが大切です。今、自分は怒りを感じているのか、苛立ちを感じているのか、不安を感じているのか、嫌悪感を抱いているのか。周りからの刺激に対して無意識に反応する前に、自分の感情にアクセスして、心の状態に気づくことを心がけてみてほしいのです。

**自分の心の状態に気づけば、その後の言動を建設的なものに変えていくことができます。**

たとえば、自分が頼んだ仕事を放置している相手に対して、「自分は怒っている」「腹立たしいんだ」と感じてみます。先ほども説明したとおり、怒りの感情は、自分が大事にしているものをないがしろにされたときに湧いてきます。怒りの感情に反応して相手を攻撃する前に、少し立ち止まって、「自分が大事にしているものは何か」「自分が相手に求めていることは何か」に意識を向けてみるのです。

それに気づいたら、それをそのまま伝えます。

「これについては先週も説明しましたし、話し合いもしましたね。それなのに、いま

だ進んでいません。不明な点は相談してくれればいいし、必要なサポートはします。だから今すぐ取りかかってください」

ポイントは、**自分の怒りを感じ取りながらも、「こうしてほしい」という要望の形に変えて伝える**ことです。この場合、伝えたいのは「今すぐ取りかかってほしい」ということです。この要望を伝えるのに、怒りに任せて相手の人格を否定して攻撃する必要はまったくありません。「今すぐ取りかかってほしい」と言われれば、相手も「はい、わかりました」と素直に応じることができます。

相手が受け取りやすく、すぐにアクションに移しやすい言葉で伝えます。こうすることで、心理的安全性を損なうことなく、自分の本当の要望を相手に伝えることができます。これが、マネジャーとして心がけたい建設的なコミュニケーションです。

## 人間が生きていくうえで感情は大切なもの
## 感情に気づきながら、表出の仕方に注意する

メンタル

# 6-9　感情をあえて伝え、時には利用する

## イライラする日は「今日はそっとしておいて」と宣言するのもアリ

「心配事が頭から離れない」「神経が逆立っている」などの理由で、「今日の自分はどうしても建設的なコミュニケーションができそうにない」と感じる日もあるでしょう。あるいは、腹の虫が治まらない理由である当の相手に、感情的になりそうな自分が目に見えるときもあるかもしれません。

**自分の言動がチームの心理的安全性を壊してしまいそうなときは、メンバーと無理にコミュニケーションを取る必要はない**と僕は思います。メンバーとのコミュニケーションから離脱して、会話を避けるのが賢明です。

「例の件で今日打ち合わせする予定でしたが、今日はちょっといろいろあって、申し訳ありませんが、明日にしてもらえませんか」

「今日は調子がイマイチなので、早めに帰ります。話は明日にしましょう」

あるいは、「今日はそっとしておいてください」と宣言して、会議室やカフェなど別の場所で仕事をするのも手です。

打ち合わせを1日くらい延期しても、緊急事態でなければ問題はないはずです。それよりも、メンバーとの会話で自分が感情的になって、相手を攻撃したときに相手に及ぼす影響のほうが深刻でしょう。

メンバーとの会話を避ける理由を詳しく説明する必要はありません。

「今日はごめんね。いろいろあって。明日のほうがありがたいんです」

こんな感じで濁しておいて構いません。間違っても、「今日はあなたに腹が立っているので、あなたとは話したくない」と馬鹿正直に伝えないことです。相手に不要なストレスを与える言動は慎むようにします。

## 上級者は感情をツールとして使う

ネガティブな感情を表現することがすべて悪いわけではありません。ネガティブな感情表現も、使い方によっては、相手を動かす建設的なコミュニケーションになり得ます。たとえば、ずっと同じミスを繰り返しているメンバーがいるとします。あえて自分の気持ちを伝えることで、相手に軌道修正を促してみます。

「これまで何度も注意しているのに、同じミスが繰り返されていますね。ミスが続くと、あなたはお客様から信頼を失ってしまいます。あなたのお客様に向き合う誠実な姿勢を評価しているからこそ、そうなったらとても残念だし、私は悔しい気持ちになります。だからミスを直してください」

現状に対する自分の気持ちをストレートに伝えることで、マネジャーがメンバーを大事に思っていることや、メンバーの成長を願って指摘していることが伝われば、メンバーはマネジャーの言葉に耳を傾けて、行動を改めようとするでしょう。**相手を尊重し、「人」として接している限りは、ネガティブな感情を表現しても、必ずしもチームの心理的安全性を損ねることにはなりません。**

ただし、気持ちのストレートな表現が、かえって相手を傷つけたり、怒らせたりして、心理的安全性を害することも考えられます。ですから、「求める結果を得るためにはどう伝えるのがいいか」はよく検討する必要があります。気持ちをしっかりと伝えるのがいいのか、それとも、感情は挟まずに論理的に説明するのがいいのか。相手のタイプによっても適切な方法は異なります。相手に合わせたコミュニケーションのプロセスをしっかりと組み立てておきましょう。

おさらいすると、マネジャーの方々に知っていただきたいのは、「ネガティブな感情をただ吐き出すだけでは物事は変わらないどころか、状況を悪化させる」ということです。ネガティブな感情が湧き起こったら、まずは自分自身がそれに気づいて、建設的な表現に言い換えたうえで表出することを意識してみてください。

そのうえで、感情をあえてツールとして戦略的に使ってみてはいかがでしょうか。それができれば、あなたは感情を味方につけてメンバーを動かすことのできる、コミュニケーションの上級者の仲間入りです。

自分の心の状態に気づくことの大切さを理解していただけたでしょうか。

改めて、マネジャーであるあなた自身の心の状態はどうでしょうか。メンバーの心の状態はどうでしょうか。お互いの心の状態に気づき、それを配慮しながらコミュニケーションを取れば、チームの心理的安全性が高まることは間違いありません。

## 優秀なマネジャーは、感情表現を使いこなして心理的安全性を高める

コラム

## 会議のチェックインで近況を報告し合う

僕の会社では、会議を始める前にメンバーが近況を報告し合う時間を設けています。最近の出来事や感じたことを自由に話してもらうのですが、これもチームの心理的安全性を高めるには効果的です。

「実は寝不足で、途中で眠気に襲われるかもしれません」

「風邪をひいてしまいました。いつもの元気がないのですが、許してください」

それぞれの状況を把握してから会議を始めると、相手の状況を考慮した発言ができる

し、相手を思いやった接し方ができます。「いつも元気なのに今日は静かなのは、どうしてだろう？　機嫌でも悪いのかな」などと余計な気を回す必要もなくなります。会議でのメンバー同士の関わり方がいつもよりやさしくなるのです。

会議のチェックインで近況報告するのはメンバーだけではありません。マネジャー自身も、その場に影響を与えそうな自分の状況や気持ちを伝える機会として活用できます。

たとえば、会議を呼びかけたものの、準備不足のまま会議に臨まなければならないときがありますよね。他の仕事で手一杯で、アジェンダを用意できないまま会議の時間がやってきてしまいました。会議をキャンセルしようにも、メンバーがすでに集まっています。こういうときは、格好つけて話そうとせず、今の自分の状況と気持ちをメンバーに率直に伝えるようにします。

「すみません。ここ数日はトラブル処理に走り回っていて、準備不足のままこの会議を迎えてしまいました。会議の進め方について、皆さんでアイデアを出してもらえると助かるのですが」

自分がどんな状態で、それが会議にどんな影響を及ぼしそうか、自分はどんなふうに接してほしいのか。これらをチェックインで伝えておけば、メンバーから共感やサポートを得ることができるでしょう。それによってマネジャー自身の心理的安全性が確保されれば、会議運営にもよい影響を与えるはずです。

反対に、準備不足でアジェンダがないのに、格好よく話そうとすれば自分にプレッシャーをかけることになり、心理的安全性は下がってしまいます。また、自分をよく見せようとするのはメンバーに対しても誠実とは言えないですし、取り繕った感じはどうしたってメンバーに伝わるものです。

お互いに自分の状況や気持ちを伝え合い、存在のありのままを理解し認め合うことから、職場の心理的安全性は育まれていきます。

仕事にトラブルや問題はつきものです。メンバーが困難に陥ったときに、どのように接すれば心理的安全性を損ねないか。逆に、メンバーを大きく成長させたい、飛躍させたいときに、どのように接すればうまくいくか。マネジャーとしてできること、気をつけるべきことを見ていきましょう。

# 第7章

# メンバーの「問題を解決する」「成長を促す」マネジャーの心得

問題・トラブル

# 7-1 悪い報告を受けたら「罰」より「対話」を

## 「便りのないのはよい便り」ではない

問題やトラブルなどの悪い報告がマネジャーに上がってこない。これは、いいことのように思えるかもしれませんが、実はその反対で、大問題だと考えるべきでしょう。

悪い報告が上がってこないと、まずリスク管理ができなくなります。

そして、学習ができなくなります。「問題がある」と認識されるからこそ、次は問題が起きないようにどうすればいいかを学ぶことができます。**メンバーと一緒に問題を解決していくことで、マネジャーもメンバーも成長していくことができます**。

では、なぜ悪い報告が上がってこないのかといえば、その職場に心理的安全性がないからです。たとえば、「こんな悪い報告をしたら、自分の評価を下げられてしまう」「怒られるのではないか」という不安や恐れがメンバーにあれば、わざわざマネジャーに悪いニュースを知らせようとはしません。あるいは、「面倒だから悪い報告はしないでほしい」という雰囲気をマネジャーが漂わせているのかもしれません。

## 今も忘れられないトラウマ

僕の子ども時代の体験を話すと、僕はポーランドで生まれ育ちました。貧しい家でしたが、父親が頑張って働いて僕に腕時計を買ってくれました。僕はその時計が大好きで、いつも肌身離さず持ち歩いていました。

夏のある日、隣町のプールに遊びに行ったとき、僕はその時計をなくしてしまいました。盗まれたのです。当然僕はショックを受けましたが、もっと大きなショックは、そのことを父に話すと、ものすごく叱られたことです。

「腕時計をプールに持っていくな」という父の教えを守らなかった僕が悪いのですが、「子どもに対してそこまで怒らなくてもいいのに」と理不尽な思いをしました。それ以来、ものを壊したりなくしたりしても、両親には言い出しにくくなってしまったのです。

悪いニュースを報告できないビジネスパーソンと同じです。

今思えば、悪いニュースに対する「罰」が大きすぎたのだと思います。怒られたのが親ではなく会社の上司だったら、間違いなく会社を辞めています。

## よくない知らせは「勉強代」にする

悪い報告に対して返すべきは、「罰」ではなく「対話」です。僕が聞いたエピソードをご紹介しましょう。

ある金融機関で、トレーダーが大きな間違いを犯し、膨大な損失を出してしまいました。この問題を報告するため、トレーダーが経営者のオフィスに向かいました。本人は「自分はもうクビだ」と思っているので、顔面蒼白です。

すると、報告を聞いた経営者はこう言いました。

「それはあなたの勉強代ですね。高いお金を払って勉強したのだから、二度と問題を起こさないためにはどうすべきかを考えなさい」

クビを覚悟で損失を報告したトレーダーからすれば、経営者の「それはあなたの勉強代ですね」という言葉は、クビを免れた安堵感とともに、「人へのやさしさ」を感じられてとても心に響いたことでしょう。「この人は私に期待してくれているんだ」と。

対話とは何かを改めて押さえておくと、相互理解のうえに行動の変化を生み出していく創造的な会話のことです。この場合「勉強代ですね」と言われたことで、トレーダーは二度と同じ間違いを犯さないようにどうすべきかを考えるでしょうし、より責任を持って仕事に向き合うようになるでしょう。**罰からは何も生まれませんが対話からは学びが促されます**。だから罰よりも対話が大事だとこのエピソードは教えてくれます。

この経営者のように、人とタスク（結果）を区別して、間違いに対しては厳しく指摘しながらも人を責めない態度は、ぜひ見習いたいところです。これまでの議論の繰り返しになりますが、「人にやさしく、結果に厳しく」の実践によって、心理的安全性は育まれていきます。そして、職場の心理的安全性が高まれば、問題やトラブルなどの悪い報告も上がってくるようになり、問題やトラブルが学びにつながり、その結果、問題やトラブルが減っていく好循環が生まれていきます。

## メンバーと対話をすることで、問題やトラブルは成長の機会となる

問題・トラブル

# 7-2 悩みや困り事を相談されてもすぐ解決方法を伝えようとしない

## 問題ばかり見て人を見ないことに注意

メンバーが、「こんな問題が起きていて、困っているんです」と相談にやってきたとします。問題を起こしたメンバーを頭ごなしに怒鳴るマネジャーは論外としても、よくある対応としては、早く解決したい一心で、

「こうすれば簡単に解決できるよ。まずこうして、次にこうして、それからこうして……」

とすぐさま解決策を提示することが多いのではないでしょうか。

ビジネスはスピードが大事です。ですから、問題解決を急ごうとするマネジャーの気

持ちも理解できます。早く解決してあげたほうが、メンバーも安心するだろう、と。

　しかし、心理的安全性の観点から言うと、このスピーディな対応は、メンバーの心理的安全性を損ねることになりかねません。

　それはいったい、なぜでしょうか。

　問題やトラブルに直面したメンバーの胸の内には、いろんな思いがあるはずです。

「あぁ、やってしまった。もう少しきちんと確認しておけばよかった」という後悔や、「ここまで必死にやってきたのに、ここでつまずくなんて」という悔しさや、「この問題がプロジェクト全体に影響したらどうしよう」という不安もあるかもしれません。**まず、そんな今の自分の状態を知ってほしい、理解してほしい気持ちがあります**。

　これらの気持ちを無視して、「はい、わかりました。こうしてください」と解決策をテキパキと指示するだけでは、相手は「自分のことをないがしろにされた」「マネジャーは自分のことを見ずに、トラブルしか見ていない」と感じるでしょう。

　マネジャーの指示で問題やトラブルが解決したとしても、メンバーの気持ちが解決されないまま残ってしまえば、マネジャーへの不信を植えつけることになります。

## まず相手の気持ちを受け止める

トラブル報告への対応のポイントは、まずはメンバーの話をよく聞くことです。

その際、相手の感情を表す言葉を聞き逃さず、拾い上げるようにします。

たとえば、相手が「悔しいんです」と漏らしたら、「そう、悔しかったんだね」と相手と同じ言葉を繰り返して、相手の気持ちを受け止めます。すると相手は、「自分のことをちゃんと聞いてくれている」と感じて、安心して話を続けることができます。

あるいは、相手に気持ちを直接たずねてみるのもいいでしょう。たとえば相手が、

「ピョートル、聞いて。今日のプレゼンを頑張ったのに、顧客からの反応がまったくなかった。うまくいかなかったかもしれない」

と相談してきたら、「じゃあこうすればいい」とすぐ解決策を提示するのではなく、

「今、どんな気持ちですか？」

とオープンクエスチョンで質問します。

「どんな気持ちなんだろう？　あぁそうだ、やっぱり悔しいです」

と本人が自分の気持ちに気づけば、マネジャーが「そうなんだね」と認めてあげるこ

とで、相手の気持ちが落ち着いていきます。

あるいは、「うまくいかなかったかもしれない」と話す相手に、

「あなたは悔しいんだね」

と一言だけ伝えます。相手の気持ちをくみ取って、本人の代わりに表現するやり方です。大体は、「そうです」という返事が返ってきます。仮に、「違います、そうじゃありません」という答えが返ってきたとしても、本人が自分の感情を探り当てようとします。

「悔しい、というのとは違うのですが……。なぜうまくいかないのか、自分でも訳がわかりません。最近の自分のアウトプットにモヤモヤしています」

このようなメンバーの気持ちを大事にするアプローチを通して、「私は、この仕事さえ順調に進めばいいなんて思っていません。あなたのことをきちんと見ています」「あなたの味方ですよ」と感じてもらうことが心理的安全性の確保につながっていきます。

## 教えたくなる気持ちをグッと我慢する

メンバーの気持ちを受け止めたら、実際にどんな問題やトラブルが起きているのかを把握するために、メンバーに話を聞いて、情報を整理します。

その際、問題にフォーカスした問いかけを意識しましょう。

「何が起きていますか？」

「なぜそれが起きたのですか？」

「この問題で一番まずいのはどの部分ですか？」

「あなたの責任はどこにありますか？」

「相手側の責任はどこですか？」

これらの質問を投げかけて、問題やトラブルの事実関係を確認します。

問題解決に移るのは、その後です。ただし、この段階でもまだ、マネジャーから解決策を教えることはしません。**本人の中にすでに答えがあるかどうかを見極めて、本人が解決策をすでに持っているなら、それを聞き出します**。

マネジャー側に「経験豊富な自分のほうが正しい」「自分が正しい答えを持っている」という考えがあると（過剰自己評価バイアス参照）、メンバーの話にろくに耳を傾けずに、自分の意見を一方的に押しつけてしまいがちになります。本人にその意識はなくても、メンバーの考えや意向をないがしろにする、あるいは自分の思うようにメンバーを動かそうとする空気が伝わってしまえば、「私がどう考えるかには興味がないんだ／重要じゃないんだ」と、メンバーの心理的安全性は下がってしまいます。そして、「君は未熟だから、僕が教えてあげよう」というスタンスでいると、メンバーも「言われたからそうします」というスタンスになってしまいかねません。

## 一緒に解決策を考える

では、本人が解決策を持っていない場合はどうすればいいのでしょうか。この場合も、マネジャーが一方的に解決策を教えるのではなく、解決にフォーカスした問いかけを通して、解決策を一緒に考えていくようにします。

「あなたは何を変えたいですか？」

「この件を解決するには何が必要ですか？」

「どのように行動を変えていきますか？」

「どこを変えるべきだと思いますか？」

そして、メンバーが解決に向けて一歩を踏み出したときは、

「そうそう、私はそれを待っていたんです」

とメンバーの動きをすぐに認めてあげることです。「認めてもらえた」「承認された」と感じたメンバーの心理的安全性が高まり、メンバーはより一層主体的に動けるように

なります。**接し方ひとつで、メンバーのマインドを「上司に迷惑をかけた、申し訳ない」から「上司に認めてもらえた、嬉しい」に変えることができるのです**。

最後の手段としてマネジャーが解決策を提示する場合でも、メンバーがその解決策を理解し納得しているかを確認しながら、相手起点で進めていくことが大切です。

これは親子の関係でも同じですね。本当の意味で教育熱心な親なら、子どもが「これどうすればいいと思う?」と聞いてきたときは、ただ答えを教えるだけではなく、「あなたはどうすればいいと思う?」と逆に聞き返すでしょう。子どもが興味を持って勉強に取り組めるように導くのが子どものためですよね。

## マネジメントは精神ゲーム

マネジャーが自分でやればすぐにすむことを、あえてメンバーにやってもらうわけです。メンバーはすぐには動かないこともあります。1週、2週、3週待って、まだ成果が出ないとき、それでもマネジャーは我慢して待つべきなのか。毎日が自分との闘いです。

僕も日々闘っています。「このプロジェクトは楽しいし、やりがいもあるからメンバーに渡したのに、なんでこんな些細なことでつまずいているんだ？」とモヤモヤすることはしょっちゅうあります。このモヤモヤした気持ちを、メンバーの心理的安全性を壊さないようにどうやって相手に伝えるのか。相手が素直に受け取って行動に移せるような伝え方に日々頭を悩ませています。

時々、感情に任せて相手を攻撃しそうになります。そんなときは自分の舌を噛んで、グッと我慢するしかありません。

## メンバーの気持ちを受け止め、解決策を引き出すのが本来の問題解決

コラム

## マネジャーに必要な「無条件の肯定的関心」

あのメンバーとは価値観や考え方が近いけど、あのメンバーとは合わない。マネジャーだって人間ですから、そう思ってしまうこともあるでしょう。メンバーも、マネ

ジャーのことをそう思っているかもしれません。

でも、悩み事や相談事に限らず、あるメンバーには親身になって対応してあげるけど、あるメンバーにはおざなりの対応をする、ということはマネジャーとして許されません。そんなときに覚えておいてほしいのが「無条件の肯定的関心（unconditional positive regard)」というコンセプトです。

これは、アメリカの臨床心理学者カール・ロジャースが提唱する考え方のひとつです。心理学者やカウンセラーは、様々な患者の話を聞く職業なので、時には自分の価値観や考え方と相容れない患者の話を聞くことや、反社会的な内容の話を聞く必要に迫られることもあります。

でもだからといって「私はそうは思わない」「そういう考え方は嫌いだ」と否定したり「そんな話は聞きたくない」と遮ったりすれば、相手は安心して話すことができなくなり、解決の糸口を塞いでしまうことになります。だからカウンセラーたちは「無条件の肯定的関心」を持って、自分の価値観や意見は一旦横において、なぜ相手がその話をするのか、否定することなく傾聴するのです。

職場のマネジャーにも、この「無条件の肯定的関心」は必要だと思います。ドライな言い方をすれば、マネジャーはメンバーのことを好きになる必要はないし、メンバーに好かれる必要もありません。会社には、友達をつくりに来ているわけではないからです。

カウンセラーは、患者と仲良くなるためにいるわけではありません。患者の問題を解決するためにいるのです。だから、自分と患者の考え方や価値観の違いなどは関係なく、ただ問題を解決するために患者の話を聞き出す必要があります。

そして本書で何度も繰り返し述べているように、マネジャーの究極的な目標は、チームの生産性を高め、成果をあげることです。であれば、どんなメンバーに対しても、相談をされたときには、「無条件の肯定的関心」を持って話を聞くことが、マネジャーにとってもメンバーにとっても、ストレスのない接し方だと思います。

問題・トラブル

# 7-3 メンバー同士のもめ事をマネジャーは仲介しない

## チーム内で不協和音！　さあどうする？

チームのメンバーの悩み事や相談を聞くことは、マネジャーの大事な役割です。そして時には、その悩み事が、メンバー同士のもめ事である場合も起こり得ます。

メンバー同士でもめ事や対立が起きて、チーム内の調和が乱れたとき、マネジャーはどのように対応すればいいのでしょうか。これについても考えてみます。

たとえばAさんから、「Bさんにきつい口調で言われて傷つきました。Bさんとはもう一緒に仕事できません」と相談を受けたとします。ここでよくありがちな対応は、争いをやめさせたいマネジャーが仲介役を買って出ることです。Aさんの訴えを受けたマネジャーが、AさんとBさんと直接話をして、双方をなだめようとするのです。

しかし、これはあまり賢い対応ではありません。

マネジャーが仲介しようとすると、こうなります。

Aさんから相談を受けたマネジャーが、Bさんのところに行き、「Bさん、なんでAさんを傷つけるようなことを言うんですか？」と注意します。するとBさんは、Aさんだけでなく、自分を頭ごなしに否定するマネジャーのことも「敵」と感じて、新たな対立構造が生まれてしまいます。

つまり、最初から仲介しようとすると、かえって不要な対立構造を増やして事態をややこしくするだけでなく、職場の心理的安全性をより悪化させてしまうことが理解できると思います。マネジャーが仲介に乗り出すとしても、それは最後の手段です。

## 解決してあげるのではなく聞いてあげる

ではどうすればいいのでしょうか。

まずは、相談者Aさんの言葉にしっかりと耳を傾けます。

**Aさん**　「Bさんにきつい口調で言われて傷つきました」
**マネジャー**　「そう、傷ついたんですね」

Aさんの気持ちを受け止めることで、Aさんとマネジャーの間での心理的安全性を確保します。

そのうえで、Aさんの思考プロセスの整理を手助けします。Bさんとの間で起こった出来事を冷静な目で振り返ってもらい、「何が起きていたのか」に着目してもらいます。この場合、Bさんが感情的になって「きつい口調で言った」のには理由があるはずなので、マネジャーの問いかけを通してそれを考えてもらいます。

**マネジャー**　「Bさんにきつい口調で言われたのは、具体的に何を言われたんですか?」
**Aさん**　「時間を守ってくれ、と言われました」
**マネジャー**　「なぜBさんはそんなにきつく言ったんでしょうか?」

人が感情的になるときは、自分の期待が外れたとか、自分の大切な価値観が否定されたと感じられたとか、何かしらの理由があるはずです。もしかするとBさんは、Aさんに期待していたことがあったのに、それが裏切られたと感じて、感情的なきつい口調になってしまったのかもしれません。Aさんに相手の言動の理由や背景に思いを馳せてもらい、相手への理解を促すことが最初のステップです。

相手にどんな意図があって、自分に何を求めているのか。それを理解できれば、攻撃的に感じた言葉の裏で「相手が本当は何を伝えたかったのか」を理解することができます。

相手の価値観を理解できたところで、Aさんには、Bさんと直接の話し合いをすすめます。

**Aさん**「きつい口調で言われて傷ついたんですが、私もこういう部分で悪かったと思います」

**Bさん**「私も言いすぎたと思っています。謝ります」

といった対話が生まれて、和解に落ち着くこともあります。このように、まずは当人同士で話し合ってもらうのがベストです。**直接の対話を通して、それまでよりもお互いを理解し合い、認め合い、信頼関係を築くことができれば、対立をきっかけに職場の心**

**理的安全性を高めていくことができます。**

当人同士の話し合いで和解できない場合や、当人同士で話し合いたくない場合は、最後の手段としてマネジャーが仲介に入ります。対立するAさんとBさん、そしてマネジャーの3人が一堂に会し、マネジャーのファシリテーションで対話を進めていきます。

**マネジャー**「実際にこういうことがありましたね。相手に望むことをお互いに伝えてください」

**Bさん**「仕事は終業時間までに終わらせたいので、打ち合わせの時間を守ってほしいんです」

**マネジャー**「Aさん、今のBさんの発言を聞いてどう感じましたか？　自分の言葉で伝えてください」

マネジャーが仲介するといっても、マネジャーがどちらかの味方についてもう一方を批判したり、マネジャーが思い描く解決策に強引に導いたりするのではありません。双方が自分の言葉で伝え合いながら、納得できる落としどころを探っていくためのサポートに徹します。

あくまで当人同士が主体となり対話を進め、お互いに理解し合うことが大事なのです。

## 対立は価値観を共有できる絶好の機会

「チーム内の対立やもめ事はできるだけ避けたい」と思うマネジャーも多いかもしれませんが、実は対立が起きたときこそ、メンバー間で価値観を共有するのに絶好の機会です。

**対立やもめ事があるからこそ、そこに価値観や信念、期待感の違いがあることが浮き彫りになります**。「相手は自分とは違う価値観を持った人間なんだ」と気づくきっかけになります。

マネジャーとしてはつい「チームでもめ事なんて、勘弁してよ」と思ってしまうかもしれませんが、「雨降って地固まる」という言葉を思い出し、これをメンバー間の心理的安全性を高める機会にするくらいの気持ちでいてください。

**意見の対立は、メンバー間で互いを深く理解し、心理的安全性を高めるチャンスでもある**

成長させる

# 7-4 どんな失敗なら大歓迎なのか、前もって明らかにしておく

## 「失敗してもいい」だけでは踏み出せない

　ここからは、チームの心理的安全性を確保してメンバーのスキルや可能性を伸ばし、成長させるうえでのポイントをご紹介します。

　マネジャーはメンバーに、「失敗しても大丈夫だから、チャレンジしてこい！」と背中を押します。ところが、メンバーからすると、なかなかそうもいきません。「そうはいっても失敗したら、やはり怒られるのではないか」「評価が下がるのではないか」といった不安や恐れから足踏みしてしまうのです。

　一方のマネジャーも、「失敗しても大丈夫」と言いながら、**メンバーのどんな失敗も**

**許すのかといえば、そうではないはずです**。リスク管理を怠ったり、「こうすればうまくいく」という成功の秘訣を無視したりした結果の失敗は、容認することはできません。

どんな失敗なら大丈夫で、どんな失敗は許されないのか。「失敗は大歓迎！」と打ち出すのなら、その辺りも明確に言語化しておかないと、メンバーは戸惑うばかりで、自由にチャレンジしにくいかもしれません。

## 仮説検証が可能な失敗ならＯＫ

僕の会社では、「前向きな失敗のみ大歓迎！」を打ち出しています。

前向きな失敗とは、学びにつながる失敗のことです。「学びにつながらない失敗はダメよ」と僕がいつもスタッフに話しているので、スタッフもそれをよく理解していると思います。

学びにつながる失敗は、「仮説検証が可能な失敗」と言い換えることができます。**仮説を立てて、その仮説が正しいかどうかを検証する過程で起きた失敗は、それ自体が問題解決の糸口を与えてくれるので意味があります**。

たとえば、メーカーが商品をつくって販売するとき、「販路をどうするか」という問題があります。量販店で売るのがいいのか、それともコンビニかECサイトか。「ターゲットは若者だから、この販路がいいだろう」という仮説のもと、とりあえず試してみて、結果を検証しながら最適な販路を探っていくわけです。

新しいことに挑戦すれば、失敗するのは当然です。しかし、同じ失敗を二度繰り返すのは、前向きな失敗とは言えません。ですから、僕がもうひとつ伝えているのは、**「新しい失敗は大歓迎！」**だけれど、**「同じ失敗を繰り返すのはダメですよ」**と。

メンバーには、失敗を経験するたびに、新たな方法を編み出したり、知識やスキルを身につけたりして成功に近づけていってほしい。それを僕の胸の内だけに留めるのではなく、言語化してチーム全体で共通認識を持つことが、心理的安全性を高めるためには重要なことだと考えています。

心理的安全性は、みんながやさしいお花畑のような職場にするための考え方ではなく、チームとして成果をあげるため「人にやさしく、結果に厳しく」するために必要なものです。手放しに「どんな失敗をしても許すからね」というわけにはいきません。

「学びにつながる失敗なら、叱られたり評価に影響したりしない」とメンバーが理解することで、失敗への恐れから解放されて、挑戦しやすい環境が生まれます。

## 新しい失敗はウエルカム
## 同じ失敗の繰り返しはノーグッド

コラム

### 失敗は実践からのフィードバックである

失敗を恐れる理由として、失敗を「成功の反対」と捉える傾向があると思います。「失敗はしてはいけないものだ」という認識がそもそもあるのです。

しかし、失敗は、成功の反対ではありません。失敗は成功までのプロセスの過程にあるもので、「実践からのフィードバック」なのです。失敗した人でないと得られない知見や経験もあるのです。

だから失敗はダメなものではないし、「失敗はフィードバックである」と考えれば、それほど失敗を恐れずにチャレンジできるのではないでしょうか。成功した者は、成功するまで失敗を継続できた人とも言えるでしょう。

成長させる

# 7-5 少し難易度の高い仕事を与えて能力を引き出す

## フローに入ることができる仕事をさせる

仕事の難易度は、本人のモチベーションとスキル習得に大きく影響します。メンバーに渡す仕事は、本人のスキルよりも少しだけ難易度の高い仕事にしましょう。

本人にスキルがあり、そのスキルを少しだけ上回る仕事に取り組んでいるとき、心理的安全性が保たれた状態で、さらにスキルの習得が進みます。

というのも、スキルと難易度のバランスが取れているときに、人はフロー状態に入るといわれています。フロー状態とは、取り組んでいることに没頭し、集中している心理状態のことです。この状態のときに、その人の本来の力が発揮されて、スキル習得も進むからです。**多少の負荷があっても、全力で仕事に打ち込めているのなら心理的安全性も保たれています**。

一方、本人のスキルに対して難易度の低すぎる仕事は、退屈に感じられます。「この程度でいいのだろうか」「自分はこれくらいしかできないと思われているのだろうか」と不安になります。また、本人のスキルに対して難易度の高すぎる仕事は、「失敗したらどうしよう」という恐れや心配を誘発して、足踏みさせてしまいます。どちらの場合も、心理的安全性が確保されにくく、本人が能力を存分に発揮する状態からは程遠くなります。

仕事の難易度の上げ方としては、役割の範囲を広げたり、未経験のタスクを渡したりする方法があります。

## 時には強引に突き飛ばすのもアリ

僕の場合、スキルや可能性を伸ばすために、優秀なスタッフにはちょっとした試練を与えることもあります。

弊社スタッフのＹさんは、大学院を卒業後、興味のあるファシリテーションやコーチングを僕から学びたいという理由で入社してきました。ある会社の研修プログラムで、Ｙさんは僕のアシスタントを務めていました。そこで僕は、打ち合わせになかった行動に出ました。「このパートはＹさん、お願いします」と言って、壇上から降りたのです。

急に講師のバトンを渡されて、Ｙさんはすごく驚いていました。緊張や困惑、怖さもあったでしょう。一時的に心理的安全性が低下した状態だったかもしれません。一方で、そのプログラムを構成したのはＹさん自身ですから、内容はしっかり頭に入っているはずです。Ｙさんにはウィルもあり、スキルもある。「きっと大丈夫」という僕の目算どおり、彼女は20分ほどのパートを見事にやり遂げました。

研修が終わって緊張がほぐれると、Ｙさんは感情を爆発させて僕に訴えました。

「ピョーさん、ひどいですよ。私はあなたのアシスタントであって、講師役は私の仕事ではありません」

「わかった。けれども、Ｙさんが入社するとき、『私はファシリテーションを学んで、トレーナーになりたい』と言ったよね」

一瞬、シーンとなって、

「はい、言いました」

「だったら、学びましょう」

それでＹさんの気持ちは収まったようでした。

Ｙさんを崖から突き落とすような真似をしたのには理由があります。

「これ、やってみませんか？」と事前に聞いていたら、Ｙさんは挑戦をためらったかもしれません。多少強引でも、相手が予期しないチャレンジをいきなり手渡して、「やるしかない状態」に追い込むのがいいと思ったのです。やってみたら、案外やれるものですし、「Ｙさんならできる」という確信が僕にはあったから、そうしたのです。

同じような経験が僕にもあります。地上４０００メートルからのスカイダイビングに挑戦したとき、飛行機から下をのぞくと足がすくみました。でも、陽気なインストラクターがワイワイと盛り上げてくれているうちに、気づいたらドアが開いて、空を飛んでいたんです。もし、「これから飛び出しますよ。準備はいいですか？　ハイ、ドアを開けます」なんてやっていたら、とんでもない恐怖に襲われて飛び出せなかったでしょうね。

ウィルもありスキルもあるスタッフを、いかに健全に挑発して挑戦に誘うのか。そこはマネジャーの腕の見せ所と言えそうです。

## 時には背中を押してあげるのもマネジャーの仕事 もちろんフォローは万全に

コラム

### 「プレイヤブルマネジャー」になろう

ちなみに、僕はYさんを一人放り出して、突き落としたのではありません。もしYさんが行き詰まったときは、僕がすぐにフォローできるようにそばに控えていました。

僕がはじめてスカイダイビングに挑戦したとき、僕のうしろにはインストラクターがついていて、一緒に飛んでくれたのと同じです。メンバーが安心してチャレンジできるためには、そばで見守り、必要に応じてサポートしてくれるマネジャーの存在が不可欠です。そばで見守るマネジャーへの信頼があれば、チャレンジに向かうメンバーの心理的安全性が損なわれることはありません。

マネジャーがいつでも手助けできる状態でいるには、マネジャー自身も、テクニカルなスキルや専門知識を持っておく必要があります。

ただし、自分ではやりません。正確に言うと、自分でもやれますが、実際にはメンバーに任せます。このスタンスがとても大事なのです。

スポーツの世界でも同じです。監督は自分でもプレイできるかもしれませんが、自分ではプレイしません。試合中に動きの鈍い選手を見ても、「あいつはボールをうまく蹴れない。自分のほうが上手だ」と言って、選手の代わりにボールを蹴ることはしません。

自分でも手を動かせる状態にあるけれども、普段はメンバーに任せている。そんなマネジャーを、「プレイヤブルマネジャー」（Playable Manager）と呼びたいと思います。これは、僕がＪＡＸＡ（宇宙航空研究開発機構）の津田雄一プロジェクトマネジャーと対談した際に、津田さんがおっしゃっていた言葉です。「なるほど」と思ったので拝借しました。

それに対して、普段から自分の手を動かしているのが、「プレイングマネジャー」です。日本の企業にはプレイングマネジャーが多いので、これについては説明する必要はないでしょう。自分のほうがスキルや専門知識があるからといって、メンバーに任せずに、何でも自分でやってしまうマネジャーは、メンバーのチャレンジの機会を奪っているのみならず、「自分は信頼されていない」という感覚をメンバーに与え、メンバーの心理的安全性までもおびやかしています。

マネジャーの皆さん。プレイングマネジャーはそろそろ卒業して、プレイヤブルマネジャーを目指しませんか。

成長させる

# 7-6

# メンバーの「やりたい」を「やるか／やらないか」に変換する

## 曖昧な状態に留まっているメンバーの行動を促す

「私はこれをやりたい」とメンバーが言ってきたら、あなたはどう受け止めますか？

「やりたいのか、そうか。じゃあ頑張れ」と返しますか？　それだけでは、おそらく物事は進まないでしょう。

なぜなら、「私はこれをやりたい」というのは、「私はこれをやりません」と言っているのと同義だからです。

僕がメンバーからこのように言われたら、

「どういうことですか？　あなたの言っていることがわかりません。文法が間違ってますよ」

と返します。相手は「え？」と驚いた顔をします。要するに、「やりたい」と「やります」は違うのです。「やりたい」はとても都合のよい言葉です。本当は「やりたくない」「できそうにない」ことでも、「やりたいです」と言えば、自分を格好よくアピールできるからです。僕はこう質問します。

「やるの？　やらないの？　どっち？」

自分が曖昧な状態に留まっていることに、メンバー本人も気づいていません。そんなときは、マネジャーがメンバーの「やりたい」を、「やるか／やらないか」に変換する手助けをします。

もちろん、「やらない」という選択肢も尊重します。やらないならやらないで、別の道に進むことができるからです。

## やるべきタスクを明示する

メンバーが、なかなか「やる」と踏み切れないのは、「何から始めればいいかわからないから不安」という理由もあると思います。そこでマネジャーに求められるのは、やるべきタスクを示してあげることで、メンバーが安心して前に進めるようにすることです。「やる」と決めたなら、まず「何からやるのか」。**今すぐできることを探して、とにかく早い段階から手足を動かしてもらいます**。「やりたいんです」と言いながらモジモジしているアイドリング状態をつくらないようにします。

たとえば、弊社スタッフのYさんの場合、「研修講師になりたい」のなら、「じゃあ、今日の研修でYさんが講師をやってください」とチャンスを与えます。あるいは、「新しいプロジェクトをやりたい」というメンバーに対しては、

「わかりました。何からやりますか？　何から調べますか？」

「こんな記事を見つけました。この人が何か有益な情報を持っているかもしれません」

「じゃあ、この人に連絡して、アポを取ってください」

と対話しながら具体的な行動に落とし込んでいきます。

やるべきことを細分化して、行動に移せるようサポートすることで、メンバーは心理的安全性を感じながら新しいことにチャレンジすることができます。

## やることが「見える化」されれば、人は行動に移しやすくなる

成長させる

# 7-7 メンバーの「やる気」をコントロールしようとしない

## 本人のやる気は本人にしか変えられない

マネジャーとしては、メンバーにもっとチャレンジしてパフォーマンスを発揮してほしい。だけど、メンバーはチャレンジしようとしない。

そんなとき、「君はもっとやれるはずなのに、なんでチャレンジしないんだ？　もっとやる気を出してやってみたらどうだ？」と言葉をかけて、メンバーを奮起させようとするマネジャーがいます。

僕は、それは無理だと思っています。**他人のモチベーションを上げるなんて、無理な話です**。他人をどうにかしようとする人は、「人を管理」しようとしています。第2章でも触れましたが、人は管理できるものではありません。

本人のモチベーションが高いか低いかには、何らかの理由があります。サッカーをやりたいかどうかが、人それぞれ違うのと同じです。サッカーをやりたくない人をフィールドに立たせて、やらせようとしても無理ですよね。それよりも、サッカーに夢中な人にフィールドに立ってもらったほうが断然いいに決まっています。

本人の事情を理解しようとせず、一方的に「もっとやる気を出せ」とプレッシャーをかければ、自分らしく働くことができなくなって、メンバーの心理的安全性は下がり、モチベーションも下がる一方でしょう。

## 本人に合った仕事を渡せば、おのずとモチベーションは高まる

「本人のモチベーションが低いのは本人の意思の問題だ」と考える節がありますが、それは違います。本人のモチベーションに深く関わってくるのは、本人の意思よりも、仕事との相性です。その人が「好き・楽しいと思える仕事」「得意なこと」「意義を感じられる仕事」など、その人に合った仕事やタスクを渡せば、本人のモチベーションはおのずと高まります。余計なプレッシャーをかけて心理的安全性を犠牲にすることなく、

その人本来の力が発揮されるようになるはずです。
そのために**マネジャーができることは、メンバーが自分に合う仕事を見つけられるようサポートすること**です。

自分に合った仕事とは、すぐに出合えるものではありません。いろいろな仕事を試してみて、「これは好きかも」「これは自分に合ってるな」という感覚が芽生えてきます。

「食わず嫌い」という言葉があるように、やったことがないから敬遠していただけで、実は本人の性に合っている仕事もあるでしょう。他人が嫌がる仕事でも、「試しに一度やってみたら？」と勧めてみたら、実際はそれほど嫌ではないことに気づくかもしれません。

また、この後の第8章で詳しく述べますが、メンバーが仕事の意義を見つけられるように、マネジャーが適切な問いかけでサポートすることも役に立ちます。仕事に意義を見出すことができれば、仕事へのモチベーションも高まります。

## メンバーのやる気を出させるのではなく、力を発揮できる仕事や場所を一緒に探してあげることが大事

# 7-8 アンダーパフォーマーには、配置転換も建設的な選択肢

## やる気や能力ではなく配置の問題を疑う

チームにはハイパフォーマーがいる一方で、思うような成果を出せないアンダーパフォーマーもいます。アンダーパフォーマーに対しては、ハイパフォーマーとは違うアプローチが必要になります。

アンダーパフォーマーも、「本人にやる気がないからだ」とやる気の問題にされがちですが、実は「配置の問題」であることが多いものです。つまり、**適材適所がなされていない場合に、アンダーパフォーマンスに陥りやすくなるのです**。それを考慮せず、「あなたはやる気がないから成果が出せない」と決めつけてしまうと、本人は「自分の

存在が否定された」と感じて、心理的安全性を感じられなくなります。

成果を出せていない人がいるなら、「この人は本当にこの仕事の担当でいいのか」「この人に合った別の仕事があるのではないか」を考える必要があります。

## 最後の決断を下す前にマネジャーがやるべきこと

配置が正しいかどうかを検証する前に、いくつか確認しておきたいことがあります。

まず、「本人が仕事の目的やゴールを正しく理解しているか」です。**目的やゴールへの理解不足が、パフォーマンスが上がらない原因かもしれません**。いわゆる「構造が明確になっていない」ケースです。もしそうであれば、仕事の目的やゴールをしっかりと伝えます。

次に、「本人にその仕事を遂行するためのスキルがあるか」「間違ったやり方をしていないか」も確認しなければなりません。スキルに問題がある場合は、必要なスキルを身につけてもらいます。やり方に問題がある場合は、正しいやり方に変えてもらいます。

本人に期待されているレベルについて認識を共有し、本人との間でズレがあれば、そのズレを修正していきます。

それを踏まえて、本人のパフォーマンスが変わるかどうかを、1週間か2週間程度の時間をかけて確認します。それでも本人のパフォーマンスが変わらなければ、本人と仕事がマッチしていない可能性が高いでしょう。配置転換を検討する段階に進みます。

## 建設的な形で「お別れ」を告げる

何度も申し上げているとおり、仕事にはアウトプットが求められます。

しかし、だからといって、「アウトプットを出せない人はダメだ」ということではありません。「人」と「成果」を切り離して考えるなら、アウトプットが出せない人を攻撃したり否定したりするのではなく、アウトプットを出せる仕事に就いてもらうのが筋でしょう。今の場所では成果を出せなくても、他の場所なら輝けることもあります。**その人が最大のパフォーマンスを発揮できる状態をつくるためにサポートするのが、マネジャーの役割なのです**。

「あなたはこの仕事を頑張ってくれましたし、私も精一杯あなたをサポートしてきました。期待どおりの結果が得られないのは、単にあなたと仕事の相性の問題です。今の場所は、あなたがいるべき場所ではありませんでした。あなたがもっと幸せになれる別の場所を一緒に探しましょう」

配置転換はドライに思えるかもしれませんが、本人にとっても自分に合わない仕事を強いられるより、自分に合った仕事に替わるほうが幸せでしょう。心理的安全性を大きく損ねずに、建設的な形でお別れを告げることはできるはずです。そのほうが本人のためでもあるのです。

## 力を発揮できない場所で「頑張れ」と言い続けるのは、メンバーにとってもマネジャーにとっても不幸

成長させる

# 7-9 ハイパフォーマーに注力することがマネジャーの正解

## 仕事ができない人をなんとかしようとしない

チームにアンダーパフォーマーがいれば、「その人をなんとかしたい」と思うのも無理はありません。経験の浅いマネジャーほど、その傾向は強いと言えます。自力で結果を出せるハイパフォーマーよりも、アンダーパフォーマーを軌道修正しようと躍起になってしまいます。しかし、それは考えものです。

先ほども申し上げたとおり、アンダーパフォーマーに対しては、その人のパフォーマンスを期待レベルにまで引き上げることは、必ずしもマネジャーの仕事ではありません。無理にプレッシャーをかければ、無理が生じて本人の心理的安全性をおびやかします。

それよりも、その人が無理なく力を発揮できるよう、その人に合った仕事を見つけることが「人にやさしい職場」のあるべき姿です。

また、**その人をチームに留め置くことが、チームの心理的安全性に悪影響を与えるかもしれないことを、マネジャーは認識すべきです**。その人がチームにいることで、チーム全体のパフォーマンスが下がれば、他のメンバーの不満が高まり、チームの雰囲気が悪くなってしまいます。その状態が容認されていることへの説明がなければ、マネジャーへの不信感も募っていきます。チームの成績が低迷すれば、当然、マネジャーの評価も下がります。何もいいことはありません。

このように、マネジャーがアンダーパフォーマーにかかりきりになると、チームの心理的安全性も下がり、言葉は悪いですが、足を引っ張られることになるのです。

### マネジャーはハイパフォーマーに集中すべし

マネジャーが集中すべきは、最もすぐれたパフォーマンスを発揮しているメンバーです。彼らがいかんなく実力を発揮し、成長していける環境をつくることに力を注いでください。

僕がYさんにしたように、ハイパフォーマーを健全に挑発し、彼らに最適なプロジェクトやタスクを与え、彼らの責任範囲を広げることで、彼らに挑戦の機会を提供していきます。ハイパフォーマーの能力をさらに伸ばすことが、長期的に見てチームのパフォーマンスを圧倒的に高めるのは間違いありません。チーム全体の成績がよくなれば、チームの心理的安全性が高まるという好循環も生まれやすくなります。

マネジャーは、チームを通じて結果を出すことが仕事だからこそ、チーム全体のことを考えたかじ取りが求められるのです。

## どうすればチームで最高の結果を出すことができるのか。それを考えて実行するのがマネジャーの仕事

メンバーの目標設定や進捗確認、そして期末の評価は、マネジャーの大事な役割です。うまくやればメンバーは気持ちよく働くことができて、大きく成長することもできます。一方でやり方がまずいと、メンバーの心理的安全性を低下させ、成長の機会も働くモチベーションも奪ってしまいます。

# 第 8 章

# 心理的安全性を高める「目標設定・管理・評価」

目標設定

# 8-1 心理的安全性を保つ目標設定にはOKRがおすすめ

## 心理的安全性と目標との関係

本書の冒頭でも述べましたが、エドモンドソン氏による心理的安全性の定義は、「対人関係においてリスクのある行動を取っても、『このチームなら馬鹿にされたり罰せられたりしない』と信じられる状態」です。これに加えて僕なりの定義を紹介すると、心理的安全性とは「メンバーがネガティブなプレッシャーを受けずに自分らしくいられる状態」であり、「お互いに高め合える関係を持って、建設的な意見の対立が奨励されること」です。そして仕事の「目標設定」も、心理的安全性の確保と大いに関係します。

ここで改めて、目標とは何かを確認しておきましょう。目標とは、明確な仕事の役割分担のなかで求められる、必要不可欠なアウトプット（成果）のことです。

心理的安全性との関係で考えると、「本人にとって望ましい目標」であるかどうかが、心理的安全性に大きく影響します。つまり、**メンバーの意向や能力を尊重し、それに見合った「人にやさしい目標設定になっているか」を考えてみる**必要があります。

それらを無視して「うちの部署の目標は○○だから、頭数で割って一人当たりのノルマは○○だ」と決めてしまうと、メンバーの意向や能力を無視した「人にやさしくない」目標になり、心理的安全性が損なわれてしまうのです。

## 本人にとって「望ましい目標」にする

本人にとって望ましい目標とは、

1 **望んでやりたい目標である**

2 **努力すれば達成できる目標である**

この2つを満たすものです。

たとえば、営業の仕事が好きで、楽しみながら数字をつくれる人なら、「これだけの数字をあげてくれ」と上からチャレンジングなノルマが課されたとしても、「よっしゃー、やるぜ！」とやる気が湧いてきます。これは本人にとって「望ましい目標」と言えます。

ところが、そもそも営業があまり好きではない人にとっては、高すぎるノルマは、心理的ストレスも高くなり、望ましい目標とは言えません。

また、本人の能力に対して高すぎる目標や低すぎる目標も、本人はストレスを感じてパフォーマンスが下がります。高すぎる目標が不安をあおるのと同じように、低すぎる目標はつまらなく感じて、本人のやる気をくじいてしまいます。だから目標設定は、本人の望ましいものにするのが大原則です。

## ＯＫＲのススメ

以上のことから考えると、組織の目標に関連づける形で個人が主体的に目標を設定するＯＫＲ（Objective and Key Result：目標と主な成果）が、本人にとって望ましい目標を設定しやすいと言えます。

ＯＫＲなら、「この会社のミッションとビジョンはこれです。うちのチームはこの領域でこれくらいの売上が期待されています。あなたはどうやって貢献しますか？」

「私はこういうプロジェクトをこんなふうにやって、顧客をこれだけ獲得します」

という主体的で前向きな話し合いができます。あるいは、

「ちょっと待ってください。私はそもそもこの領域に興味がありません。違う領域でやりたい。やりたいのはこれです」

という会話につながって、社内異動や転職も視野に入れながら、本人が輝ける場所を探すきっかけになるかもしれません。


ＯＫＲについて詳しく知りたい方は、拙著『成長企業はなぜ、ＯＫＲを使うのか？』（ソシム）をお読みください。

## メンバーのスキルや意思に反する目標が設定されると心理的安全性が損なわれる

# 8-2 トップダウンの目標設定は意義を感じられるよう工夫する

## 数字のノルマだけではやらされ感が募る

企業によって、ＫＰＩ（業績評価を定量的に評価するための指標）やＭＢＯ（目標管理。メンバーによる主体的な目標設定とはいえ、上から管理される）のように、目標が上から降りてくる場合もよくあります。

ありがちなのは、「去年の目標が１００だったから、今年は１１０が目標です」と、去年の実績にプラスする形で数字が決まるような目標設定です。**マネジャーも、上から降りてきた数値目標をそのままメンバーに伝えることが多いかもしれません**。

しかし、単に「数字を出せ」と言われても、メンバーはその目標にまったく魅力を感じないでしょうし、自分がそれを目指すべき理由も理解していないかもしれません。目標に対する納得感のないまま、「仕事のやらされ感」だけが募っていけば、自分らしく働くことができず、心理的安全性は当然下がっていきます。長期的に考えて、そのチームの生産性は低下することでしょう。

## 自分の目標として受け止めさせるのがマネジャーの手腕

とはいえ、「目標はメンバーの言いなりでよい」と言っているのではありません。それでは会社経営が成り立ちません。ではマネジャーはどうすればいいのか。

そこで、単に数値目標を伝えるだけでなく、その目標をメンバーが自分事として受け取れるよう工夫してみます。「数字を達成した自分がどんなふうに成長しているか」「どんなふうに顧客に喜ばれるか」をメンバーがイメージできたら、どうでしょうか。つまり**「自分にとって望ましい目標だ」と本人に気づかせるのです**。そうすればメンバーのやる気アップにつながりそうですね。

「この目標を達成することで、あなたにはどんなメリットがありますか？」

「この目標を達成することで、顧客にどんな価値を提供したいですか？」

「この仕事をやり遂げることで、あなたはどんな状態をつくりたいですか？」
「この仕事を通じて、あなたは何を学び、何を得たいですか？」

トップダウンの目標設定であっても、仕事を通じて学べることや、社会に対して貢献できることがあるはずです。また、自分の欲求を満たすこともできるはずです。**目標達成によって本人にどんな意義があるのか、対話を通じて考えさせることが大切です**。

どんな目標であれ、自分の学びや成長につながり、次のチャンスをもたらし、社会的な価値を生み出すことができます。そのことをメンバーが理解すれば、自分らしく働くことができて、仕事に対する意欲も湧いてきます。

成果を求めるからには、結果に対しては厳しく臨む必要がありますが、その手前の目標設定に関しては、「本人が意欲的に取り組める目標設定になっているか」「本人らしく実力を発揮しやすい目標設定になっているか」に注意を払う必要があります。そのうえで、目標に到達できるよう各人のパフォーマンスを管理していきます。

これが心理的安全性を大事にするマネジャーが行うべきプロセス管理なのです。

## マネジャーの伝え方、対話の仕方で、無機質な数字を意味のある目標に変換することができる

コラム

# 自分事として感じてもらうために選択肢を与える

目標は上から与えられたものであっても、「自分にとって、どんな意味のある目標なのか」「仕事の意義は何か」を本人が感じられれば、仕事のやる気が出ます。大事なことは、本人に選択肢があることです。であれば、目標達成のためのアウトプットの出し方も、本人に自由に決めてもらいましょう。「この数値目標をどうやって達成するのか」というプロセスに関する意思決定も本人に委ねるのです。自分が好きなやり方、楽しめるやり方を選べばモチベーションも上がりますし、自分にとって挑戦的な行動を選択すれば、自己成長にもつながります。

自分に選択肢があって、それを自由に選べるから、自分事として捉えることができます。それが心理的安全性にとって重要であることは言うまでもありません。

人間には成長意欲が本能的に備わっています。「昨日より今日、今日より明日の自分がよくなっていたい」「今日より明日、よい結果を出したい」という思いがあれば、メンバーが主体的に仕事の進め方を改善したり、新しいスキルやツールを取得したりして、より高い目標を目指すことは自然と起きてきます。

そう考えると、目標はガチガチに固めずに、ある程度本人が自分で考えて設定できるのが望ましいでしょう。その点、ＯＫＲはノルマではなくチャレンジ目標であり、７〜８割の達成が求められているものなので、自分の選択でどんどん成長していきたい人には適した目標設定と言えます。

目標設定

# 8-3 進捗管理のための「指標」と「機会」を整備しておく

## 目標は立てっぱなしではなく定期的に確認する

目標を設定したら、目標達成までの進捗管理を通して、成果に結びつけていきます。

ここで改めて強調しておきたいことは、マネジャーの仕事は人を管理することではなく、プロセスを管理することだということです。人を管理しようとすれば、人を〝もの〟のようにコントロールすることになり、心理的安全性の高い職場にあるべき「人にやさしく」の原則に反します。

ですから、目標達成までの進捗管理においても、メンバーの気持ちや意向を尊重し、彼らの人としての尊厳を守りながら、プロセスをどう管理していくかを考えていきます。

くれぐれも人の管理に陥って、職場の心理的安全性を損なうことにならないようにしたいものです。

やり方としては、目標に対するメンバーの進捗や達成度合いを一定期間ごとに確認し、メンバーへのフィードバックや必要なサポートを行いつつ、目標達成までの途中経過を見守ります。たとえば、毎週のチームの打ち合わせの中で、「先週からどこまで進みましたか?」とたずねて、指標に対する進捗や達成度合いを確認します。指標どおりに進んでいなければ、「なぜそうなったの?」と原因や理由を探りながら、軌道修正や改善のための対策を一緒に考えていきます。

## 「見える化」と「見せる化」が重要

心理的安全性を考慮したプロセス管理で大切なことは、目標達成のための指標を「見える化」しておくことです。つまり、指標を明確に設定し、本人はもとより、チーム内の誰もが見られる状態にしておきます。

さらに一歩進んで僕が提案したいのは、指標に対する進捗の「見せる化」。チームミーティングや1on1などで目標に対する自分の進捗度合を発信することによって、ボトルネックや必要なリソースについてチーム内で話し合い、目標達成をより確実にすることができます。

話を戻すと、指標が見える状態になっているかどうかは、心理的安全性が依って立つところの「構造の明確化」に関係します。指標が明確でなければ、何を基準に進捗や達成度合いを測るのか、具体的に何を目指して取り組めばいいのかわかりません。曖昧な状態は、不安や猜疑心をあおります。指標があってはじめて、「どこまで進みましたか?」「ここまでです」「順調ですね」と双方が納得のいく形で進捗を確認できます。この指標の整備から始めなければならない会社も多いかもしれません。

明確な指標を持つ業界といえば、コンビニ業界が挙げられます。たとえば、「売上」「商品ラインナップ」「お手洗いの掃除」などに細かな指標が定められています。お手洗いが汚いコンビニはお客さんが来たがらないでしょうし、商品のラインナップが揃っていなければ、売上も上がりません。

指標を細かく設定し、それを日々達成することで、確実な目標達成につなげているのです。

## 心理的安全性を下げるマイクロマネジメント

どれくらいの頻度で進捗を確認するかは、仕事の特徴や、目標の大きさ、本人のスキル、モチベーションにもよります。

たとえば、クリエイティブな仕事で、必ずしも毎日アウトプットを出さなくていい仕事であれば、週に一度くらいの頻度で進捗確認を行い、ある程度本人の自由に任せるやり方がいいかもしれません。必要以上に頻繁にチェックすれば、マイクロマネジメントに陥ります。チェックされたメンバーは窮屈に感じたり、あるいは「自分は信頼されていないのかもしれない」と不安に感じたりして、心理的安全性が下がってしまいます。

一方、オペレーショナルな仕事で、毎日のアウトプットが問われる仕事であれば、毎日進捗を確認する必要があるでしょう。

本人のスキルやモチベーションに着目すると、スキルが高くモチベーションも高いメンバーであれば、ある程度の時間の余裕を与えても大丈夫です。むしろ、マイクロマネジメントは本人のやる気を奪ってしまいます。

逆に、スキルもモチベーションも低いメンバーであれば、あまり長く放っておくと、途中でつまずいたり、間違った方向に進んだり、遅れが生じたりして、取り返しがつかなくなることもあります。この場合は、建設的なマイクロマネジメントが必要になります。

いずれにしても、**仕事やメンバーに合った適切な頻度を設定することが大切です**。

その際、メンバーと対話して、お互いにとって丁度いい頻度を合意しておくとよいでしょう。というのも、マネジャーが望む頻度と、メンバーが心地よく感じる頻度は違うことがあるからです。確認の頻度もマネジャーの一存で決めるのではなく、メンバー本人が「自分で決めた」「自分には選ぶ自由がある」という感覚を持てることが大事です。

自分の意思が尊重されていると感じられることが、心理的安全性につながっていきます。

## マネジャーとメンバーとで目標や進捗状況が共有できているいることが、適切なアドバイスや対話ができる大前提

# 8-4 早めのフィードバックで軌道修正を図る

## 言いにくいことほど前払いで

メンバーのパフォーマンスが指標からズレていると思ったら、早めにフィードバックすることもプロセス管理では重要です。メンバーはフィードバックをもらうことで、方向性のズレや間違いなどに気づくことができますし、早い段階で軌道修正すれば、よりよいパフォーマンスにつながっていきます。

第2章でお伝えしたことの繰り返しになりますが、**相手に言いにくいことほど、前払いで伝えることが大切です**。言いにくいからといって後回しにしていると、トラブルが起こったり、状況がさらに悪化して、その結果、マネジャーとメンバーの人間関係にもひびが入りかねません。言いにくいことも前払いで伝えたほうが、早い段階で物事を建設的な方向へ変えていけるので、職場の心理的安全性も壊れずにすむのです。

## 人とタスクを分けてフィードバック

フィードバックを行う際に注意したいことは、「人」と「タスク（結果）」を分けて伝えることです。特にネガティブなフィードバックでは、「人」と「タスク」を区別せずにいると人格否定に陥ることがあり、心理的安全性を著しく損なってしまいます。それを防ぐためにも、**フィードバックではタスクに焦点を当て、期待される基準や指標を「クリアしているのか」「足りない部分があるのか」「ズレているのか」「どこがズレているのか」を伝えるようにします**。たとえば、こんな感じです。

「昨日のあなたのプレゼンテーションを見て、私が感じたことをお伝えしますね。プレゼンの内容がお客様の期待どおりではなかったと思います。与えられた準備期間が非常に短かったという事情は理解できます。でも、お客様が何を求めているのか確信が持てなかったのなら、お客様に電話して確認すればよかったですよね。『今回のプレゼンテーションの意図は何ですか？』と。確認すればアジェンダは変わっていただろうし、お客様の期待どおりのプレゼンになっていたと思います」

メンバーの行動に焦点を当てて、どの行動が期待から外れていたのか、基準に達するためにはどう行動すべきだったのか、を伝えています。「準備の時間が足りなかったことも事実」とメンバーの状況にも配慮を示しているので、一方的に責められている感じはしないと思います。

## 本人がどう考えているのかを言ってもらう

さらに「人にやさしく」を意識するなら、こちらの考えを伝えた後に、「あなたはどう思いますか？」とメンバーに話すチャンスを与えることも忘れないでください。**メンバーの言い分にきちんと耳を傾けることで、相手を尊重していることが伝わり、心理的安全性が保たれます**。

**マネジャー**「私からのフィードバックを聞いて、あなたはどう思いますか？」

**メンバー**「顧客の意図を確認するのは、マネジャーであるあなたの仕事じゃないですか？」

**マネジャー**「なるほど。つまり、もっと僕に支援してほしかったということですか？」

**メンバー**「そうです。もっとこの案件に関して具体的なサポートがほしいんです」

**マネジャー**「わかりました。あなたが望むサポートを具体的に教えてください。たとえば月に何度、顧客に連絡してほしいですか？　顧客とどんなやり取りをすれば、あなたがよりよいパフォーマンスができる状態をつくれると思いますか？」

こんな対話をしながら、メンバーのパフォーマンスと指標とのズレを確認し、早めの軌道修正を図ります。

## 「早く」「タスクにフォーカス」することが効果的なフィードバックのコツ

フィードバック

# 8-5 人ベースではなく行動ベースでフィードバックする

## 伝え方ひとつで受け手の感情は変わる

どうしてもネガティブなフィードバックが必要な場合に、心理的安全性を損なわずに相手に伝えるにはどうすればいいのでしょうか。繰り返しになりますが、ここでも基本となるのは、「人」と「タスク」を区別することです。

次の4つを比べてみてください。何にフォーカスするかによって、相手の感じ方や受け取りやすさが違ってきます。

①山田さん、最近のミーティングで、コミュニケーションがうまくいってない部分が

あると思うんです。

②山田さん、ミーティングで発言するときの山田さんの話し方がちょっときつい気がしています。

③山田さん、あなたのコミュニケーションスキルは低いんじゃないですか。

④山田さん、あなたは失礼な人ですね。

いかがでしょうか。もしあなたがフィードバックを受ける立場だとしたら、①から④に進むにつれ、自分自身が否定されているように感じて、受け取りがたく感じるのではないでしょうか。③や④のような言い方をされたら、カチンと頭にくるか、へこんで立ち直れないかのどちらかでしょう。

## メンバーの人格を否定しない

①は、ミーティングでのコミュニケーション全体にフォーカスしています。「環境ベース」での伝え方です。本人に直接フォーカスが当たっていないので、相手も素直に受け取りやすいフィードバックと言えます。その代わり、自分のことだと気づかないか

もしれません。相手の行動を改善するには弱いフィードバックと言えます。
②は、相手の話し方、すなわち行動にフォーカスした「行動ベース」の伝え方です。人とタスク（この場合は行動）が区別された状態で、自分の「行動」に関する指摘なので、「自分自身が否定されている」という感覚は薄く、相手が受け取れる余地もあります。「山田さんの話し方がきつい」と本人にフォーカスされているので、自分へのフィードバックであることも伝わります。
③は、コミュニケーションスキルにフォーカスした「スキルベース」の伝え方です。スキルはその人の一部なので、この辺りになると、人格否定と受け取られやすくなります。
④は、相手の態度や価値観にフォーカスした「価値観ベース」の伝え方です。ここまでくると人格否定になるので、相手は「傷つけられた」と感じるか、ブチ切れするリスクがあります。他にも、「あなたは馬鹿だ」「あなたは人を見下している」「あなたは周りを大切にしない人だ」のように相手を直接否定するような言い方も、ブチ切れリスクは高まります。
ここまで見てきたように、ネガティブなフィードバックは、人格否定になるような伝え方は避け、「行動ベース」で伝えることを意識するとよいでしょう。フィードバック

は相手が素直に受け取ってこそ、行動が改善されるなどの効果を発揮します。

## 「スキル」や「価値観」ベースのネガティブなフィードバックは禁物

フィードバック

# 8-6 「今日のフィードバックはこれ」とひとつに絞ると心理的安全性を損ねない

## ついつい言いたくなる気持ちを抑える

「昨日送ってくれた資料、あれは先週までにつくってって言ったはずだよね。どうして遅れたのかな。それに、急いでつくったのか、ちょっと誤字が多かったよ。困るんだよね。そもそも、遅れるなら遅れる、忙しいなら助けてほしいって、なんで言ってくれないのかな」

メンバーに何かフィードバックするときに、ついつい「あれも」「これも」と思い出し、全部そのままぶつけてしまうことはありませんか。

フィードバックが大事だからといって、あれもこれも一気にフィードバックすると、メンバーの心理的安全性を損ねるおそれがあります。

というのも、ポジティブなフィードバックなら問題ありませんが、「ここは間違ってるよ」「ここは直して」といったネガティブなフィードバックが重なると、相手は「自分の全部が悪い」と思い込んで、身動きが取れなくなってしまうからです。当然、本人の自己肯定感も下がります。「あなたのここを是正して」と言われれば気をつけることができても、「あれもこれも」となると、「もうこの仕事は、自分じゃなくて、総取り替えで他の誰かがやったほうがいいってことかな？」となりますよね。

**相手にとってネガティブなフィードバックは、同時にいくつも伝えるより、ポイントを絞って伝えることで、本人の心理的負担に配慮するようにします**。

たとえば、フィードバックしたいことが3つあるとしたら、まず、そのうちの1つにフォーカスして伝えます。

「今日はこれを伝えるから、まずはこれにしっかり対応してほしい」

「はい、わかりました。とりあえずこれを頑張ります」

最初の課題がクリアできたら、次の課題に移ります。

このように、ひとつずつフィードバックしていけば、相手も受け入れやすいですし、ひとつずつ取り組んでクリアすることで、相手の自信にもつながります。

## 人はフィードバックしてほしいわけじゃない

マネジャーの責務として、メンバーへのフィードバックは欠かせません。でも、人はフィードバックがほしいわけではありません。ポジティブなフィードバックならまだしも、本人にとって脅威に感じられるネガティブなフィードバックはほしくないのです。

**人が求めているのは承認です。**「他人から認められたい」「価値ある存在として認められたい」。そのために、自分に好奇心を持って、自分に集中してほしいのです。

ネガティブなフィードバックは、相手にとって脅威になり得るからこそ、伝えるときは「相手がそれを受け入れられる状態なのか」、また「どういう伝え方をすれば心理的安全性を損なわずに伝えられるのか」に意識を向ける必要があります。

相手がどういう状態かを知るには、好奇心と集中力でもって相手を観察するか、あるいは第6章の198ページでお伝えしたように、「雑談で診察」することもできます。

## 一度にたくさん言いたい衝動を抑え、ひとつずつフィードバックする

フィードバック

# 8-7 厳しい指摘は「Ｉ／Ｗｅ」を主語にして伝える

## 「あなたは」と責めずに「私は」と伝える

心理的安全性を保ったままネガティブなフィードバックをするときのもうひとつの方法は、主語を「Ｙｏｕ」から「Ｉ」や「Ｗｅ」に替えることです。

たとえば「あなたは話し方がきつい」という表現は、「Ｙｏｕ」が主語です。相手はまるで「あなたが悪い」と人格を否定されたような感じがして、心理的安全性を感じられません。

そこで、主語を「Ｉ」にして、「私はこう感じる」という表現に変えてみます。

「今日の打ち合わせで山田さんがメンバーにフィードバックするのを聞いて、僕は山田さんの話し方が少しきついように感じたんですよね」

「I」を主語にして「私はこう感じた」「私はこう思った」と言われるほうが、直接的に批判されている感じが薄れるので、相手の心理的安全性は保たれます。相手もフィードバックを受け取りやすくなります。

## 「私たち」にすると一体感が生まれる

さらに、主語を「We」にして伝えるとこうなります。

「我々はチームとしてもっとパフォーマンスを出して、前に進んでいかなければなりません。なのに、今日の打ち合わせを見ていると、かなりきつい言葉が飛び交っていましたね。こんなきつい言葉で指摘し合うことで、よりよいパフォーマンスにつながるのでしょうか。皆さん、どう思いますか？」

**「We」を主語にすることで、自分と相手は対立する間柄ではなく、「一緒になって問題を解決していく仲間だ」という思いが伝わり、心理的安全性も保たれます**。

このように、ネガティブなフィードバックは、主語を誰にするかによって、心理的安全性に影響します。これまで主語を「You」にして相手の反感を買っていたのなら、主語を「I」や「We」に換えて伝えてみるとよいでしょう。

## 「あなたは○○だ」を「私は○○と思う」「私は○○がほしい」「私たちで○○しよう」に言い換えるとうまくいく

フィードバック

# 8-8 フィードフォワードで事前にアドバイスする

## メンバーが転ぶ前にアドバイス

ネガティブフィードバックは、こちら側の期待値に見合う成果が出ないときに、そのギャップを埋めるという役割があります。だから必要なのですが、伝え方を間違えるとメンバーや職場の心理的安全性を損なうリスクがあるのは先に見てきたとおりです。

だったら、こちら側の期待値に見合う成果が出るようなアドバイスを事前に伝えておくのはどうでしょうか。つまり、相手が転んでケガした後で「ここに障害物があるの、見えてましたか？」と指摘するのではなく、相手が転ぶ前に「ここに障害物があるよ。気をつけてね」と先に教えておくのです。これが**「フィードフォワード」**です。

フィードバックとの違いに着目しながら、具体的な伝え方を見てみましょう。

## フィードフォワードの一例

「昨日いただいたメールの返事は、僕が聞きたかった内容が含まれていません。僕が聞きたかったのは、この点です」

これはフィードバックです。相手の行動に対して、どの辺がこちら側の期待値とズレていたのかを指摘しています。

これをフィードフォワードで伝えてみると、こうなります。

「今後、僕のメールに返信していただく際に、質問がわかりにくいと感じたら、質問の内容や意図を僕に確認していただけますか。そうすれば効率的なやり取りができると思います」

いかがでしょうか。2つを比べてみると、「できなかったこと」に対して後で指摘されるより、「こうすればうまくいくよ」と事前にアドバイスされたほうが、相手も抵抗なく受け取れそうです。

フィードフォワードによってミスを未然に防ぎ、確実にパフォーマンスを上げることができれば本人の自己肯定感も高まります。フィードフォワードとパフォーマンス向上の好循環が生まれれば、職場の心理的安全性もさらに高まっていくでしょう。

### フィードバックも大切だが、気づいたらどんどんフィードフォワードすることも大切

コラム

## 1on1を「上司のサブスク」として提供しよう

メンバーとの対話を通して距離を縮める効果の期待できる1on1ですが、これまでメンバーとあまりコミュニケーションを取ってこなかったマネジャーが、「さぁ、これからはみんなの話を聞くよ」といきなり1on1をやり始めると、メンバーの抵抗に遭うことがあります。

あるマネジャーの方から聞いた話です。彼のチームではそれまで、週に1回、チームのメンバー全員で集まって話す機会を設けていましたが、1年ほど前から、職場の心理

的安全性を高めることを目的に、週に1回30分程度、1on1を始めました。

ところがメンバーからは、「なぜそんなことするんですか？」とネガティブな反応が返ってきたそうです。1on1が「メンバーを管理するためのツールとしてマネジャーの都合のいいように利用されるのではないか」と懸念したようなのです。

そこで彼は、メンバーにこう伝えました。

「1on1では仕事の進捗も確認しますが、それだけでなく、むしろ皆さんからの質問や相談を受ける時間にしたいと思っています。上司の〝サブスク〟だと思って。使い放題ですよ」

するとメンバーの受け取り方が変わって、1on1での気軽な相談が増えたそうです。

「上司のサブスク」。いい言葉だと思います。

職場の心理的安全性に貢献するはずの1on1が、メンバーから敬遠されているとしたら、「心理的安全性を意識したただのパフォーマンスのため」とか、「自分たちを思い通りに管理するため」に1on1が利用されている、と誤解されているのかもしれません。

どんな1on1だったらメンバーが受けたいと思うのかを考えれば、メンバーが必要なときに必要なだけ利用できる「相手起点」のサブスクなら、メンバーも受け入れやすいはずです。上司のサブスク、大いにやりましょう。

評価

# 8-9 心理的安全性を損ねない評価、損ねる評価

## 人は評価しない。成果を評価する

本章の最後に、評価についての話をします。

まず、押さえておきたいのは「何を評価するのか」ということです。

従業員評価や人事評価という言葉がありますが、「人を評価する」というニュアンスを感じるので、僕はこの言葉があまり好きではありません。人を評価しようとすると、「○○さんはいい人だ」「○○さんは悪い人だ」という話になり、人格否定につながります。

心理的安全性を土台に成果を出すには「人を管理せず、プロセスを管理する」ことが

重要であることは繰り返し述べてきたとおりです。**評価する対象は人ではなく「成果」や「アウトプット」です**。その意味で「成果評価」「行動評価」という言葉が適していると思います。

そのうえで、メンバーの力を最大限に引き出すためにマネジャーに求められるのは、「結果に厳しく」の姿勢です。本人の成果や行動が基準や期待を満たしていないなら、その事実をストレートに伝える必要があります。相手の心が傷つくことを恐れて曖昧な伝え方をしたり、できていないのに「できてるよ」とフィードバックしたりするのは、本人のためになりません。

## 成果が伴わなくても、努力を認めることが大事

「人とタスク（結果）を区別する」という観点から見れば、成果が伴わない場合には厳しく指摘することも必要ですが、その一方で、「頑張ってくれたんだね」とメンバーの努力を認め、「人」に対する労いを示すことは、心理的安全性を保つうえで重要なことです。

目標に届かないことは、誰にでも起こり得ます。本人の力の及ばないところで、どう

しても避けられない外的理由があった可能性もあります。

営業の仕事でいえば、「頑張って資料をつくった」「頑張ってアポを取った」「頑張って提案した」。けれども「顧客側の予算が足りなくなって、案件受注に至らなかった」ということも起こり得ます。

**期待する成果が出なかったとしても、本人の努力は認められてしかるべきです**。「頑張ったんだよね。でも、残念ながら目標には達しませんでした。次はどのように挽回しますか？」と対策も怠らないようにします。本人の努力を認めながらフォローしつつ、目標達成に向けたプロセス管理はしっかりと行います。

「人にやさしく、結果に厳しく」を徹底して実践することで、職場の心理的安全性が確保されれば、メンバーのモチベーションは高まり、長期的に見てチームのプラスになります。

## マネジャーは数字をしっかり見ることも大事だが、人（メンバー）をしっかりと見ることも大事

コラム

# 「ビックリ評価」を避ける

マイナス評価は誰だって聞きたくありませんが、マイナス評価がすべて受け入れられないわけではありません。本人の納得できる評価であれば、マイナス評価を伝えられても心理的安全性が損なわれることはありません。

つまり、「自分は期待されている成果をあげられていない」と気づいている人に対して、それをストレートに指摘するなら、相手の納得も得られるということです。

問題なのは、相手を驚かせてしまう「ビックリ評価」です。「自分はできている」と思い込んでいる人に対して、「あなたはできていません」と伝えると、相手は驚き、ショックを受けてしまいます。何をどう頑張ればいいか、わからなくなりますね。このビックリ評価をいかに避けるかをマネジャーは考えなければなりません。

ビックリ評価が起きるのは、マネジャーとメンバーの間で、仕事の基準と期待値のすり合わせができていないからです。もし、1on1やこまめなフィードバック、フィードフォワードなどで対話を重ねていれば、仕事の基準や期待値に関して共通認識を持つことができるので、それほどビックリ評価にはならないはずです。

また、こうも言えます。

1on1や普段のコミュニケーションを増やしていたにもかかわらず、メンバーの予想に反するビックリ評価になったのなら、1on1やコミュニケーションが適切に行われていなかったと考えられます。マネジャーが自分の言いたいことを一方的に伝えていたか、言うべきことを言わなかったり、あるいはメンバーへの好奇心と集中が足りなかったために、メンバーのちょっとした状態の変化に気づかずに、期待値と成果に大幅なズレを招いてしまったのかもしれません。

ビックリ評価は、職場の心理的安全性を損なうものであるのと同時に、心理的安全性に必要な対話が行われていたかどうかを知るバロメーターと捉えることもできます。

おわりに

# 心理的安全性の高い家庭や社会を目指して

## 心理的安全性は「関係性」には生まれない

本書では職場における心理的安全性について語ってきましたが、心理的安全性は組織や会社だけの話ではなく、家族や友人との間でも育んでいくことが望ましいと言えます。仕事とプライベートを分けて考える人は多いかもしれませんが、僕は仕事関係、家族関係、友人関係、恋人関係……、どれも区別する必要はないと思っています。

むしろ僕が区別したいのは、「関係」と「関係性」の違いです。

「関係」と「関係性」。よく似たこれら2つの言葉の違いを考えたことはありますか。

まず、「関係」から。「関係」には、信頼と尊敬が介在します。

たとえば、「夫婦関係」と言うとき、共通する価値観がお互いを結びつけていたり、お互いへの信頼や尊敬がお互いを結びつけていたりします。「夫婦関係が冷え切っている」と言うときは、お互いへの信頼や尊敬がなくなった状態を指します。

次に、「関係性」です。「関係性」には、役割分担が介在します。

「夫婦関係」に対して、「夫婦の関係性」という言い方があります。この場合、「夫婦のどちらが家事をするのか」「どちらが子どもの送り迎えをするのか」「共働きなら家事の分担をどうするのか」「子どもが生まれるときどちらがいつまで仕事を休むのか」といった役割分担の話になります。

「夫婦関係」と「夫婦の関係性」。心理的安全性が育まれるのはどちらでしょうか。

それは、「夫婦関係」のほうです。信頼と尊敬で結びついた夫婦関係には心理的安全性が育まれますが、役割だけで結びついた夫婦の関係性に心理的安全性は育まれません。

日本の夫婦はどうでしょうか。もしかすると、「関係」が壊れた後も、「関係性」でつながっている夫婦はたくさんいるかもしれませんね。

日本の文化は、役割文化です。自分の役割を土台にしてアイデンティティが形づくられる傾向がとても強くあります。たとえば、小学生、女子高生、学生、サラリーマン、主婦、おばあちゃん……、これらはすべて役割としてのアイデンティティです。

日本では夫婦に子どもが生まれると、お互いのことを「パパ」「ママ」と役割で呼び合います。親になった途端、ひとりの人間としての「タケシ」や「マユミ」ではなくなって、「パパ」や「ママ」といった役割のほうが大きくなるのです。

もちろん、「パパ」や「ママ」の役割も大事ですが、私たちは役割の前に一人の人間です。「タケシ」と「マユミ」としてお互いを愛し、たとえば週末には一緒に走りに行ったり、飼っている犬の散歩を楽しんだりすることもあるはずです。

日本では子どもも役割で見ることがあります。一番上の子どもを「お兄ちゃん」「お姉ちゃん」と呼ぶのはその典型です。これは日本語の特徴的なところで、英語にもドイツ語にもポーランド語にも、そんな表現はありません。たとえば、妹のKathyを紹介する場合、英語ではThis is my sister, Kathy.と表現します。This is my younger sister, Kathy.とは言わないんですね。どちらが姉でどちらが妹かは、年齢差が明らかであれば一目瞭然ですし、そうでなくても、そもそも上下関係は重要ではないのです。

アメリカでも私の母国のポーランドでも、「タケシ」「Kathy」という人がまず存在しています。その人はどんな人で、どんなことに興味を持ち、どんな価値観を持ち、どんな経験をしてきたのか、一人の人間として相手を見ます。「父親」「母親」「サラリーマン」「税理士」「○○会社勤務」などの役割はその次です。

## 役割ではなく、一人の人間として接する

一方、日本では、役割を通して人間関係（というより、人間の関係性）を構築する傾向が強いと言えます。マユミとして人付き合いするよりも、「誰々ちゃんのママ」として、

同じく「誰々ちゃんのママ」とママ友付き合いをします。自分と相手を役割で見て、どちらの役割のほうが魅力的かを比較しながら関係性を構築していくのが日本文化の特徴だと思います。

その点、友人関係は役割を外れた付き合いができるので、心理的安全性との親和性が比較的高そうです。

職場で自分らしく働きたいのと同じく、プライベートでも自分らしく生きていたいですよね。家庭の中で心理的安全性を育みたいなら、夫や妻、子どもを「一人の人間」として見て、「一人の人間」として接するところから始めてみてはどうでしょうか。妻を「ママ」と呼ばずに、「名前」で呼ぶ。長男を「お兄ちゃん」と呼ばずに、「名前」で呼ぶ。呼び名を変えるだけで、役割ベースの関係性から、信頼と尊敬がベースの関係へと変化していくはずです。

私たちは、役割の前に「一人の人間」なんです。これをいま一度、意識してみてほしいと思います。

## いい人間関係をつくりたいなら、どんどん喧嘩しよう

仲良くなりたい相手とは、どんどん喧嘩をするといいと思います。職場でも健全な対立は奨励されますが、これはプライベートでも言えることです。

別の言い方をすると、喧嘩をしない夫婦はとても仲が悪いんです。喧嘩をしない友人や、喧嘩をしない同僚も同じです。

なぜなら、喧嘩は価値観を共有する絶好の機会だからです。

「私はこれを大事にしているから、それをないがしろにされるととても嫌な気持ちになります」

「私はこれがないとストレスが増して、機嫌が悪くなります。ストレスが増すとあなたに対する信頼も減るんです」

「あなたにこれだけは守ってほしい。他の何も要りません。チョコレートも要らないし、プレゼントも要らないし、豪華なデートも要りません。ただ、少なくとも1週間のうち2時間くらいは一緒にいてほしいんです」

こんなふうに、自分が大切にしていることや、相手に求めることを率直に言い合える

人間関係は、きわめて建設的だと思います。

喧嘩という名の健全な対立がない間柄では、忖度が生まれます。

たとえば、彼女にプレゼントを渡したいのだけれど、何をあげれば彼女が喜ぶのかわかりません。「彼女はチョコレートがほしいのだろうか、それともルイ・ヴィトン？　フランス料理に連れて行ってあげると喜ぶだろうか」と悩みます。

悩んだ挙句に豪華なプレゼントを渡したものの、彼女はあまりうれしそうではありません。彼女のほうも、豪華なプレゼントなんてほしくなかったけれど、彼の気持ちを考えると無下にできなくて、「ありがとう」と愛想笑いでごまかすしかない――。お互いに忖度し合う状況は、心理的安全性が高いとはとても言えません。

## お互いの違いを認め、お互いを大切にできる社会に

夫婦が仲良くいるために、趣味は同じであるほうがいい。そう考える人は多いかもしれませんが、仲のいい夫婦の趣味が同じとは限りません。

時代をさかのぼって、高校時代のことを思い出してみてください。高校生のときは、

大体、同じ趣味を通じて仲良くなったものです。たとえば、同じ音楽を聴いている人や、同じスポーツを好きな人と友達になることが多かったと思います。

恋愛関係でも同じですね。僕は高校生のときパンクロックが好きでしたが、好きな女の子にもパンクロックを聴いてほしいと思っていました。彼女はパンクロックにまったく興味を示さなかったので、「なんで僕の好きな音楽を一緒に聴いてくれないんだろう」と納得できませんでした。

ところが、大人になってわかったのは、相手がパンクロックを好きかどうかは重要ではないということです。趣味が違っても、自分がその人をしっかり見て大切にできればいいし、相手が自分のことをしっかり見て大切にしてくれればいいのです。

同じ趣味を持つことよりも、「人」として相手を見て、大切にできることのほうが重要なのです。たとえ音楽の好みは違っても、「ご飯を食べるときはしっかり会話したい」という価値観が共有できれば、そのほうがいいですよね。

他人だから違っていて当たり前。その違いを認めながら、お互いに共通する部分を見つけられたら、それを大切にする。そのスタンスでいれば、家族、友人、恋人の関係はうまくいきます。

## 誰もが根っこでは「幸せになりたい」と願っている

この本では、心理的安全性の基本的な考え方として、「一人ひとり違う存在だからこそ、お互いを認め合い、尊重し合うことの大切さ」を繰り返しお伝えしてきました。

この考え方とは矛盾しているように思えるかもしれませんが、「一人ひとり違う存在だけど、根っこでは皆同じである」ことも最後にお伝えしたいと思います。

「ホメオスタシス」という言葉をご存知でしょうか。日本語で「生体恒常性」と訳されますが、生物が生き延びるために体内環境を一定の状態に保とうとする調整機能のことです。たとえば、暑い日には汗をかいて体温の上昇を抑え、寒い日には体をブルブルふるわせて熱をつくり、体温を一定の温度に保とうとします。

他にも、お腹が空いたら食べたくなります。のどが渇けば飲みたくなります。痛みがあれば痛みを取り除きたくなります。これらすべて、バランスの取れた状態を維持しようとするホメオスタシスの機能です。

つまり、人は誰でも、バランスの取れた幸せな状態でいたい存在なのです。

そう考えると、この世界が少し違う景色に見えてきませんか。

性別の違い、年齢の違い、国籍の違い、価値観の違い、あらゆる違いはそれぞれの自己表現の仕方が違うだけで、望むことは根本的に皆同じなのです。

つまり、否定されたくない。承認されたい。希望を持ちたい。幸せになりたい。

誰もがそれを望んでいます。

たとえば日本人とポーランド人とアメリカ人が同じ食卓を囲んでいるとします。日本人はこう考えるけれど、ポーランド人はこう考えるし、アメリカ人はこう考える。考え方の違う相手に自分の考え方を説明しようとしても、なかなか伝わらないし、理解されないことがありますが、「日本人もポーランド人もアメリカ人も、お腹が空けば食べるし、幸福を追求している点では同じなんだ」と考えれば、お互いのことを近くに感じられます。

嫌なことがあれば落ち込むし、うれしいことがあれば鼻歌が出ます。恋に落ちればその相手と一緒にいたくなります。これは国籍や性別、年齢にかかわらず共通しています。

「幸せになりたい」と願う人同士、多少の価値観の違いは大目に見て、みんなで一緒に幸せになりたいじゃないですか。お互いの違いを超えてつながり合う関係が増えていけば、社会全体の心理的安全性も高まっていくと僕は信じています。

最後に、多くの方々のお力添えがあって、この本を書き終えることができました。

編集チームの齋藤宏軌さん、前田はるみさん、

貴重な助言をくださった、青木千恵さん、石坂誠さん、内山智さん、
長谷川誠さん、星野たまえさん、丸山紀子さん、中村優子さん、藤原選さん、
鈴木万治さん、鹿島俊介さん、工藤裕人さん、冨田修さん、渡辺貴紀さん、
友岡賢二さん、鈴木晶太さん、田代豊寛さん、鷹野麗さん、倉光良典さん、
福田晃さん、奈良岡将英さん、王子田克樹さん、久保彩さん。

ここに深くお礼を申し上げます。

本書を読んで興味を持ってくださった方は、拙著やFacebook/Twitter @piotrgrzywacz
をご覧いただけたら幸いです。

## 著者紹介

### ピョートル・フェリクス・グジバチ
**Piotr Feliks Grzywacz**

プロノイア・グループ株式会社 代表取締役｜株式会社TimeLeap 取締役｜株式会社GA technologies 社外取締役
連続起業家、投資家、経営コンサルタント、執筆者。

モルガン・スタンレーを経て、Googleで人材開発、組織改革、リーダーシップマネジメントに従事。

2015年に独立し、未来創造企業のプロノイア・グループを設立。

2016年にHRテクノロジー企業モティファイを共同創立し、2020年にエグジット。

2019年に起業家教育事業のTimeLeapを共同創立。

ベストセラー『ニューエリート』(大和書房) 他、『パラダイムシフト』(かんき出版)、『世界最高のコーチ』（朝日新聞出版）などを執筆。ポーランド出身。

### 〈プロノイア・グループ株式会社〉

ギリシア語で「先読みする」「先見」という意味を持つ「プロノイア」を社名に掲げるプロノイア・グループは「誰もが自己実現できる社会」をつくる未来創造企業。心理的安全性をベースに「遊ぶように働く（PLAY WORK)」「前例を創る（IMPLEMENT FIRST)」「予期せぬ価値を生み出す（OFFER UNEXPECTED)」をコアバリューとして持ち、経営戦略・組織開発・人材育成をはじめとする「人に焦点を置いた」チェンジマネジメントをパートナーとともに推進する。

心理的安全性　最強の教科書

2023年 3 月30日　第 1 刷発行
2023年 4 月18日　第 2 刷発行

著　者――ピョートル・フェリクス・グジバチ
発行者――田北浩章
発行所――東洋経済新報社
〒103-8345　東京都中央区日本橋本石町 1-2-1
電話＝東洋経済コールセンター　03(6386)1040
https://toyokeizai.net/

ブックデザイン……小口翔平+畑中　茜(tobufune)
D T P……………アイランドコレクション
印　刷……………図書印刷
編集協力…………前田はるみ
編集担当…………齋藤宏軌
　Printed in Japan　ISBN 978-4-492-55822-5